家庭学習でつける力

低学年でもっとも大切なのは、基礎基本の学力と学習習慣の確立です。

陰山 英男

①「三つの気」を育てよう

家庭の第一の役割は、「子どもを元気にする」ことです。

元気な子どもは、活発です。好奇心に満ちあふれています。やる気があるのです。

元気な子どもは、少しの失敗を気にしません。根気があるからやり直しができるのです。

お母さん、お父さんに「うちの子、勉強のほうはいま一つだなあ」とご相談を受けたとして、元気、やる気、根気の「三つの気」があるお子さんなら、基本的に心配いりません、と私は申しあげるでしょう。

しかしこの「三つの気」は、放っておいて子どもたちが勝手に手に入れられるものではありません。

●早寝・早起き・朝ご飯

まず、元気が出る生活習慣にしましょう。

ずばり早寝・早起き・朝ご飯です。

私は、これまで教師として子どもたちと早寝・早起き・朝ご飯の生活づくりに取り組んできました。私はいくつもの学校に勤めてきましたが、学校にこられる方はみなさん「子どもたちは、みんな元気ですね」と口を揃えて言ってくださいます。

低学年なら、夜は９時半までに就寝し、朝は６時半には起き、朝ご飯を必ず食べる。一昔前の子どもたちが、当たり前のようにしていた生活をすることで、子どもたちは本当に活発になります。活動的になるということは集中力が高まることでもあります。血の巡りがよくなるわけですから、学習面でもそれだけ効率があがります。

●一人にさせないで

学習やスポーツなど、やる気・根気を育む場面はいくつもあります。共通するのは、親なり指導者なりが子どもを励まし続けることと、子どもが一人でするのではなく一緒にする誰かがいることです。

家庭では親が、学校では教師と友だちが周りにいて、互いに気にかけ励まし合いながら取り組むことでやる気と根気が育っていきます。生を受けて10年にならない子どもたちです。弱い存在なのです。一人では育ちません。私が低学年の子どもの家庭学習をリビングですることをおすすめする理由もそこにあります。

②家庭学習で育てるやる気と根気

●親は子どもの勉強仲間に

私の師匠である故岸本裕史先生は、「夕飯

のしたくのとき、音読を聞いてやってね、“え～○○ちゃん、そんな難しい漢字を習ったの。すごいね、お父さんが帰ってきたら、あなたがどんなに賢くなったか教えてあげよう”こんなふうに子どもに声をかけてやってください」とお母さんたちにいつも話していました。

忙しい毎日でしょう。でも工夫しだいで親は子どもの勉強仲間になれます。不在がちのお父さんもお子さんの勉強仲間になってください。

●やさしいことを短時間、継続して

あるときから私は、100マス計算を何日間かずつ同じ問題でするようになりました。毎日させたいが、違う問題を作成する時間がない日が続いた、そんな理由からでした。このとき私は、スピードは上がるが計算力はつかないだろう、でも毎日することに意味があると考えていました。ところがある日、計算テストをして驚きました。子どもたちの計算力が上がっていたのです。

同じ問題であっても毎日タイムが上がってほめられ、子どもは意欲と自信をつけていた、それが計算力アップにつながったのでした。

●家庭学習で大切なこと

この『勉強したくなるプリント』は、小学１年生・２年生・３年生という時期に、基礎基本の学力と学習習慣を身につけるためのプリントです。

基礎基本の内容は、漢字や計算力のように、学年が上がってどんなに難しい学習になっても必要とされる力です。

そして、基本問題のくり返し学習は、子どもの中に自信を育み、学習へのやる気と根気を育てることができます。

このプリント集の問題は、

- やさしい問題を
- 毎日する
- 最後までする

の工夫をしました。わからないときは答えを見たり、写したりしてもよいのです。最後までやりきることを大切にして、学力と家庭学習の習慣をつけられるようにしています。

一度にたくさん、長時間する必要はありません。朝起きて顔を洗うように家庭での勉強の習慣をつけることを大事にしましょう。低学年はまずそこから始めましょう。

以下２年生で獲得したい基礎学力です。

㋐配当漢字のすべてが読め、８割の漢字を書くことができる。
㋑時間を追って、経験を話すことができる。
㋒九九がよどみなく言える。
㋓100マス計算（たし算・ひき算・かけ算）がそれぞれ３分以内にできる。
㋔定規を使って、筆算をきれいに書きながら計算できる。
㋕決められた長さの直線を引くことができる。

陰山英男（かげやま　ひでお）　陰山ラボ代表。一般財団法人基礎力財団理事長。教育クリエイターとして「陰山メソッド」の普及につとめ、教育アドバイザーとして子どもたちの学力向上で成果をあげている。文部科学省中央教育審議会初等中等教育分科会教育課程部会委員、内閣官房教育再生会議委員、大阪府教育委員会委員長などを歴任。2006年４月から2016年まで立命館大学教授。

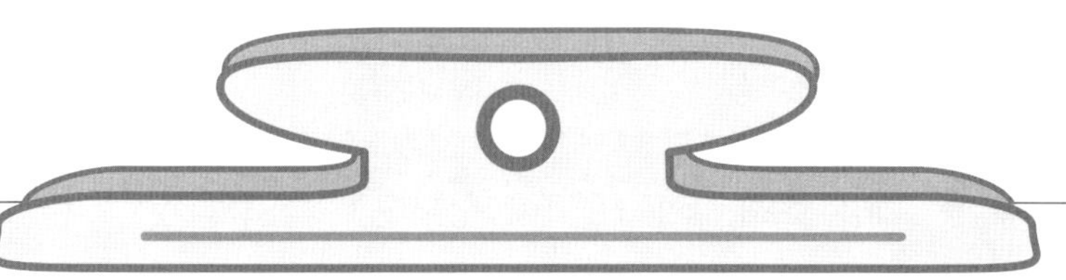

新学期
親子でできる
2週間

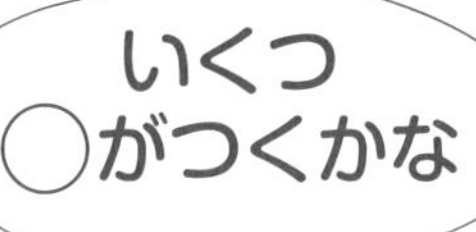

生活づくり表

☆月日を記入して、お使いください。
☆できたところに○をつけます。

がんばること	／　月	／　火	／　水	／　木	／　金	／　月	／　火	／　水	／　木	／　金
①きまった時間におきる　　時　　分										
②あいさつやへんじをする										
③パジャマをたたむ										
④朝ごはんをたべる										
⑤べんきょう(しゅくだい)をする										
⑥じかんわりをあわせる										
⑦つくえの上をせいとんする										
⑧読書(読み聞かせ)をする										
いくつ○がついたかな？										

おうちの方へ

いちばん大事な8項目にしぼりました。親子のコミュニケーションの一つとしてとりくんでみてください。

①……たとえ夜おそく寝ても、起きる時間だけは守らせます。

②……朝の一仕事で体も心もすっきりさせます。

③……あたたかいご飯、みそ汁など手づくりのものを。

④……帰ってきてスグ、ひといきつく前に。

⑤……連絡袋を利用し、毎日自分から出すくせをつけることが大切。

⑥……毎日決まった時間にするのがポイント。(例:帰ってきてスグ、夕食のあとなど)

⑦……前日にすませ、朝カクニンできればベスト。

⑧……休日などに、家族で地域の図書館に出かけるのも楽しいですね。

♥親子で話し合いながら○をつけるのもいいですネ。昨日より今日、今日より明日と、できることを重ねていきましょう。

勉強したくなる　算数・国語プリント

小学②年生 前期

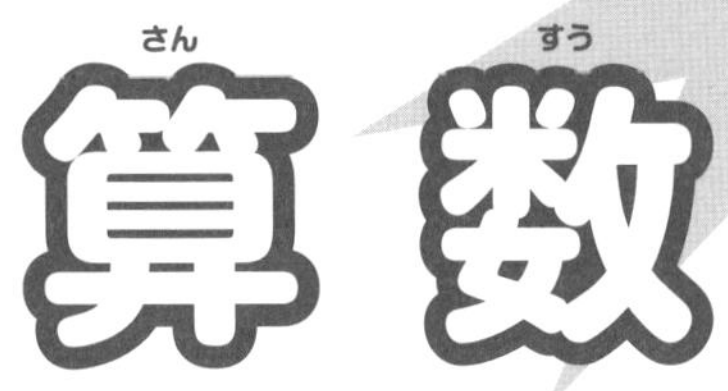

算数

「ナゾトキ☆クエスト」　もくじ

「ナゾトキ☆クエスト」も
はじまるよ！　89ページからだよ。

リオくん

みつばちのビー

もくじ

2年生 前期 ぜんき

おまけ　もくじ

国語

「ナゾトキ☆クエスト」　もくじ

「ナゾトキ☆クエスト」も
はじまるよ！　⑲ページからだよ。

森のガイドさん

レイナちゃん

2年生　前期の勉強

ここがポイントです

算　数

◎「たし算のひっ算」

たし算やひき算を筆算でします。2年生の終わりには、簡単な3けたの数まで学習します。1年生の計算がきちんとでき、十進位取り記数法がわかり、くり上がりの処理ができれば、どんな大きな数のたし算でもできるようになります。

3年生での大きな数のかけ算、4年生での÷2けたの数を考えると、2年生でのたし算やひき算の筆算は正確さとともに速さが要求されます。たくさん練習をして計算力をさらに高めましょう。

◎体積（量）の単位

ミリリットル（mL)、デシリットル（dL)、リットル（L）について学習です。mL、Lは、身近な商品に表示がありますので、観察させたり、計量カップなどを使って実際にいろいろな容器の量を測らせたりしましょう。

◎「図で考えよう」

この単元で、たし算とひき算の理解を一層深めていきます。たし算のような問題だけど、ひき算で求めなければならない場合もでてきます。

国　語

◎漢字

前期では1年生の総復習と、2年生の漢字をことばの量や漢字の知識を広げるように練習していきます。手本を見てていねいに書くことで、正しい字形と新しいことばの獲得をねらっています。

◎ことば

組み合わせたことばを作ったり、もとのことばに分けたりしながら、ことばをより深く考える力を養い、ことばの獲得と使える力を養います。

◎かたかな

かたかな表記するのは、外国から来た物やことがらを表すとき、外国の人や国や都市などの名前を書くとき、音や動物の鳴き声を表すときなどの決まりがあります。2年生では、かたかなの使い方に重点を移しつつ、正しい字形を書く力と使い方の力を伸張させます。

◎読みとり

読解の基本である「なぜ」「どんな」「どのように」などに対する答え方がよく理解できるように問題を設定しています。

たし算 1

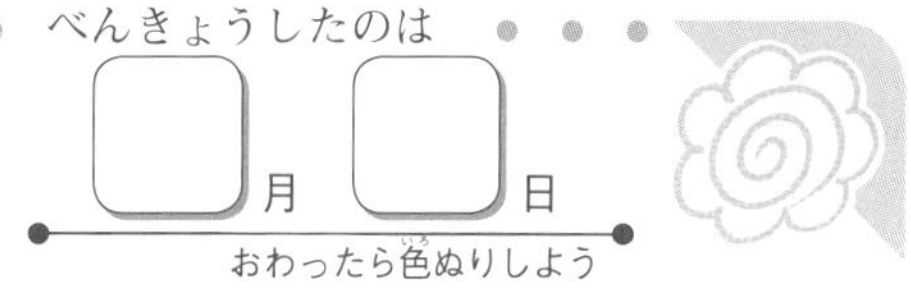

つぎの　たし算を　しましょう。

① 10＋2＝

② 11＋4＝

③ 13＋3＝

④ 14＋1＝

⑤ 15＋3＝

⑥ 11＋7＝

⑦ 16＋2＝

⑧ 18＋1＝

⑨ 13＋5＝

⑩ 14＋4＝

⑪ 11＋6＝

⑫ 10＋8＝

⑬ 15＋4＝

⑭ 17＋2＝

⑮ 12＋6＝

おうちの方へ

くり上がりがなく答えが20までの計算です。①「1と2をたして30」などとならないよう、位に気をつけて計算ができているでしょうか。

【8ページの答え】①正しい・文字　②先・生まれる　③赤　④小学校・正　⑤出入り
⑥一年生・入学　⑦字　⑧百人　⑨上手

一年生の かん字の おさらい 1

べんきょうしたのは　月　日

おわったら色ぬりしよう

□に かん字を 書きましょう。〔　〕は かん字と おくりがなを 書きましょう。うすい 字は なぞります。

① 〔ただしい〕 文□（もじ）。

② □（いぬ）が 〔うまれる〕。

③ □（せき）はんを たく。

④ □□□（しょう がっ こう）の □（せい）もん。

⑤ 〔ではいり〕する。

⑥ □□□（いち ねん せい）の □□（にゅう がく）しき。

⑦ ふえの 音（ね）いろ。

⑧ ともだち □□（ひゃく にん） できるかな。

⑨ □□（ど て）の つくし。

● おうちの方へ ●

いよいよ２年生です。１年生で習った漢字がどれだけ作文の中でも使えるでしょうか。１～８までの間に１年生の漢字がすべて出てきます。読み方も複数出しています。送りがなやちがう読み方をもう一度確かめながら、おさらいを進めましょう。

【7ページの答え】①12 ②15 ③16 ④15 ⑤18 ⑥18 ⑦18 ⑧19 ⑨18 ⑩18 ⑪17 ⑫18 ⑬19 ⑭19 ⑮18

たし算 2

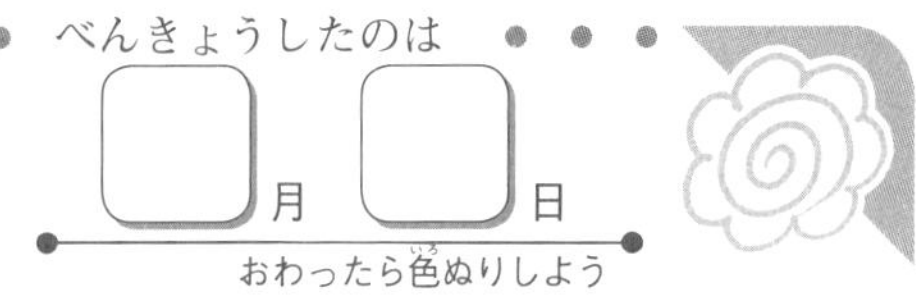

25＋13を　ひっ算で　します。①～③まで　声に　出して　読みましょう。

	十のくらい	一のくらい
	2	5
＋	1	3
	3	8

① ひっ算は　くらいを　そろえて　書きます。

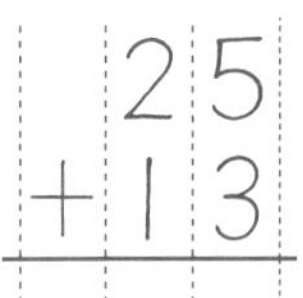

② はじめに、一のくらいの　計算を　します。

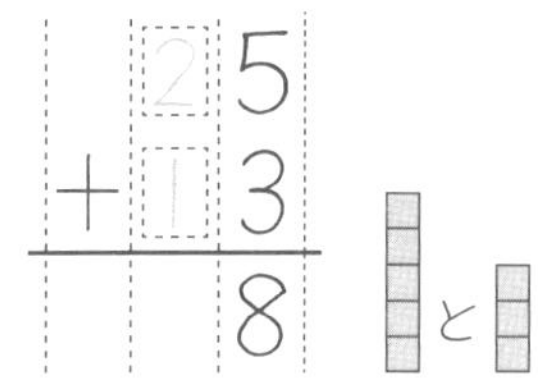

③ つぎに、十のくらいの　計算をします。

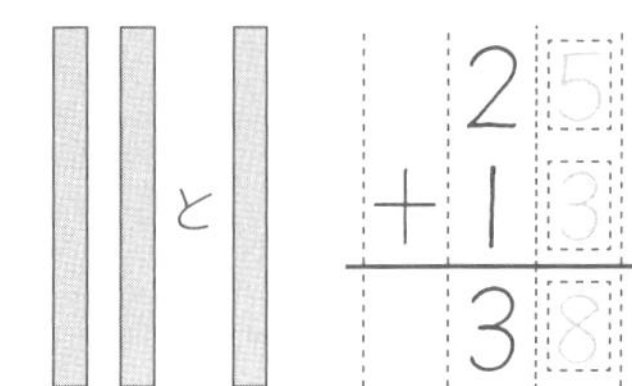

ぜんぶを　書くと、下のように　なります。

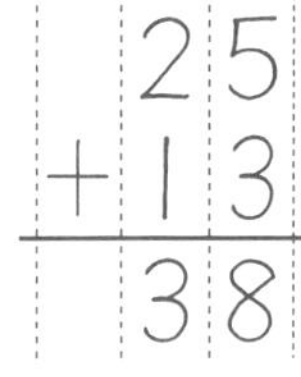

おうちの方へ

筆算で大切なのは、位をそろえて書くことです。ノートに書くときも、枠の中に数字をきちんと書くようにさせましょう。同じ位どうしをたします。初めは、くり上がりがない計算です。

【10ページの答え】①四月・足　②早　③天気　④空・見上げる　⑤生　⑥先生　⑦先・立って　⑧人・右　⑨車・左

一年生の かん字の おさらい 2

□に かん字を 書き(か)ましょう。〔 〕は かん字と おくりがなを 書き(か)ましょう。

べんきょうしたのは □月 □日

① □□(しがつ)の えん□(そく)。

② □(はや)おきを する。

③ □□(てんき)よほう

④ □(そら)を 〔 (みあげる) 〕。

⑤ □(なま)たまごを わる。

⑥ □□(せんせい)の こえ。

⑦ □(さき)に 〔 (たって) 〕 あるく。

⑧ □(ひと)は □(みぎ)。

⑨ □(くるま)は □(ひだり)。

おわったら 色(いろ)ぬりしよう

● おうちの方へ ●

「みあげる」は「見上る」にならないように、「たって」は「立て」にならないように送りがなに注意しましょう。「右」「左」の筆順（「ノナオ右右」「一ナ左左左」）、「天」の字形は正しいですか。「左右（さゆう）」や「右せつ（うせつ）」という読み方も覚えましょう。

天 1画目を長く

たし算 3

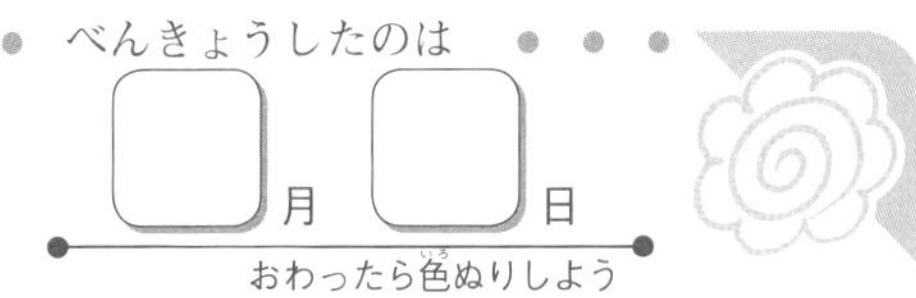

ひっ算で　しましょう。

① 73＋14

② 35＋24

③ 55＋11

④ 66＋32

⑤ 37＋22

⑥ 44＋44

⑦ 34＋51

⑧ 22＋54

おうちの方へ 

横式を正しく筆算に写しかえることが大切です。位を意識させましょう。横線は、定規を使ってきれいに引くようにさせましょう。

【12ページの答え】①男・子・女・子　②森林　③大きな・森・木　④白い・花　⑤青虫・口　⑥小さい・目　⑦中・空っぽ　⑧下り・車　⑨八・生日

一年生の かん字の おさらい３

べんきょうしたのは　□月　□日

□に かん字を 書(か)きましょう。〔　〕は かん字と おくりがなを 書(か)きましょう。

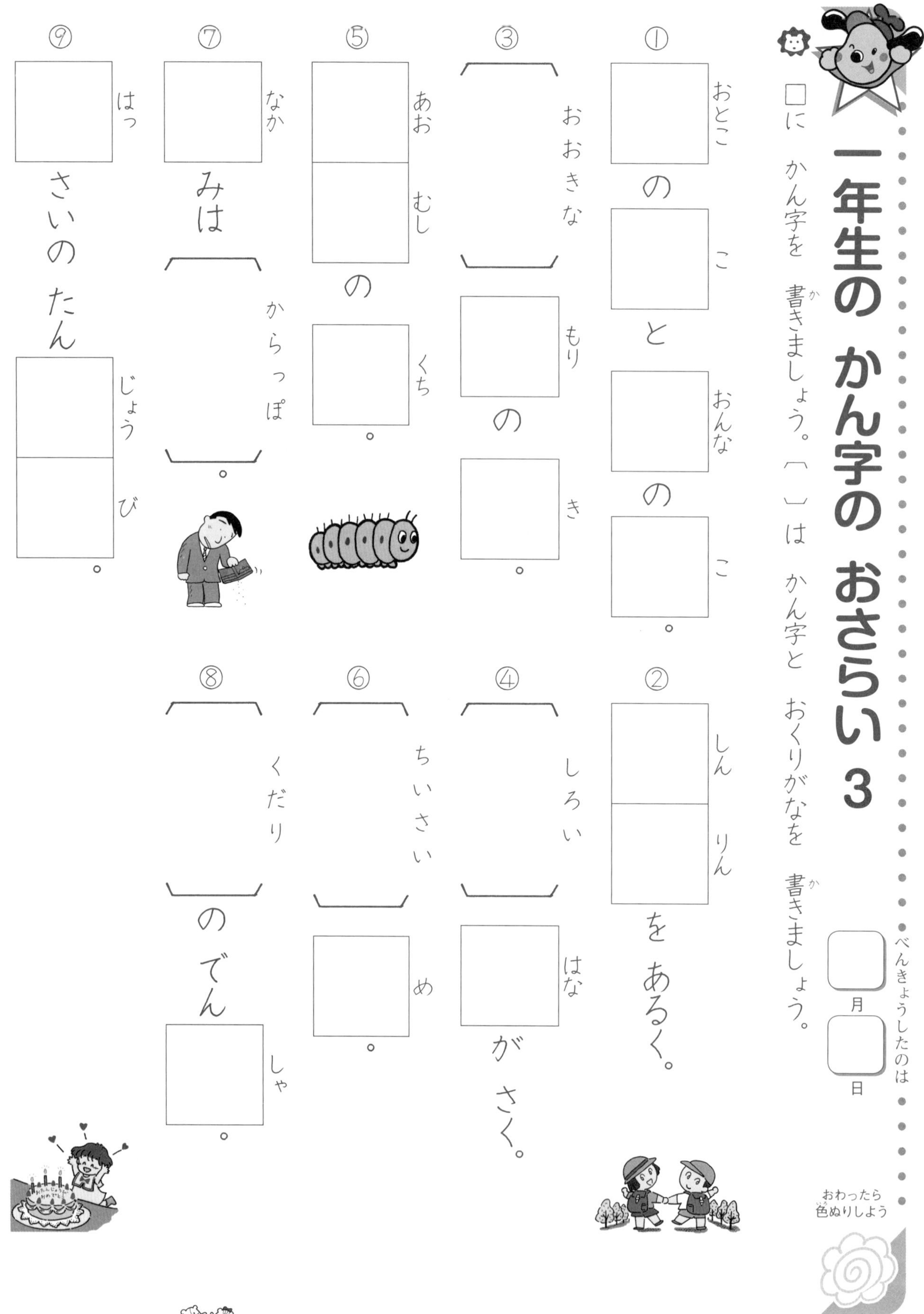

①　□(おとこ)の □(こ)と □(おんな)の □(こ)。

②　□□(しんりん)を あるく。

③　〔おおきな〕□(もり)の □(き)。

④　〔しろい〕□(はな)が さく。

⑤　□□(あおむし)の □(くち)。

⑥　〔ちいさい〕□(め)。

⑦　□(なか)みは 〔からっぽ〕。

⑧　〔くだり〕の でん□(しゃ)。

⑨　□(はっ)さいの たん□□(じょうび)。

おわったら 色(いろ)ぬりしよう

● おうちの方へ ●

「虫」は「虫」と書くまちがいが多いです。「生」はたくさんの読み方があります。「セイ・ショウ・い-きる・う-まれる・は-える・なま」などです。習った漢字は、さまざまな場面や作文でいろいろな読み方で使っていくことが語彙（知っている言葉）を増やすこつの一つです。

【11ページの答(こた)え】 ①87 ②59 ③66 ④98 ⑤59 ⑥88 ⑦85 ⑧76

たし算 4

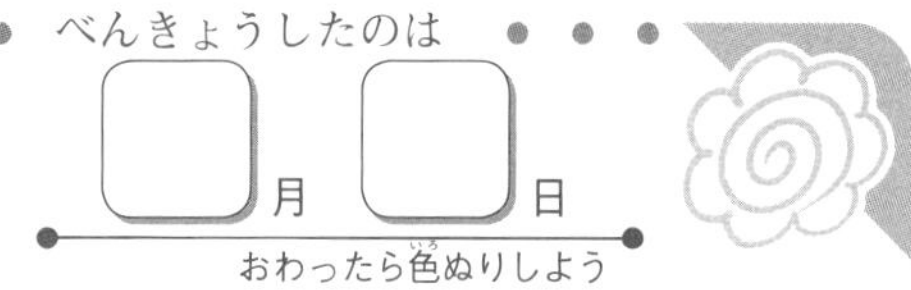

ひっ算で　しましょう。

① 42＋33

	4	2
＋	3	3

② 28＋31

③ 15＋63

④ 62＋12

⑤ 73＋24

⑥ 51＋32

⑦ 31＋34

⑧ 76＋13

おうちの方へ 

たし算の筆算は、先に一の位から計算を始めます。くり上がりがない場合、十の位から始めても問題は生じませんが、くり上がりのある計算になると困ってきます。

【14ページの答え】①休日・山　②林　③小川・石　④水・空気　⑤二つ・村　⑥田・土
⑦草・生える　⑧立　⑨女王・名

一年生の かん字の おさらい 4

□に かん字を 書(か)きましょう。〔 〕は かん字と おくりがなを 書(か)きましょう。

べんきょうしたのは □月 □日

① □□（きゅう じつ）の □（やま） のぼり。

② まつの □（はやし）。

③ □□（お がわ）の □（いし）。

④ きれいな □（みず） と □□（くう き）。

⑤ 〔　　〕（ふたつ）の □（むら）。

⑥ □（た） んぼの □（つち）。

⑦ □（くさ） が 〔　　〕（はえる）。

⑧ き □（りつ） する。

⑨ □□（じょ おう）の □（な） まえ。

おわったら 色(いろ)ぬりしよう

● おうちの方へ ●

「小川（おがわ）」は「こがわ」、「女王（じょおう）」は「じょうおう」と読むまちがいが多いです。「ふたつ」は「二たつ」と書くまちがいが多いです。「立」は「起立」（「起」は3年生で学習）のときなどに使います。

林 水 女

●→止める ○→はなす ○→少し出る

【13ページの答(こた)え】①75 ②59 ③78 ④74 ⑤97 ⑥83 ⑦65 ⑧89

たし算 5

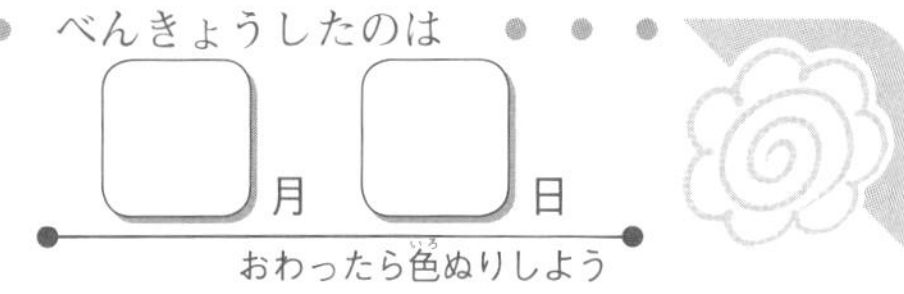

ひっ算で　しましょう。

① 40＋28

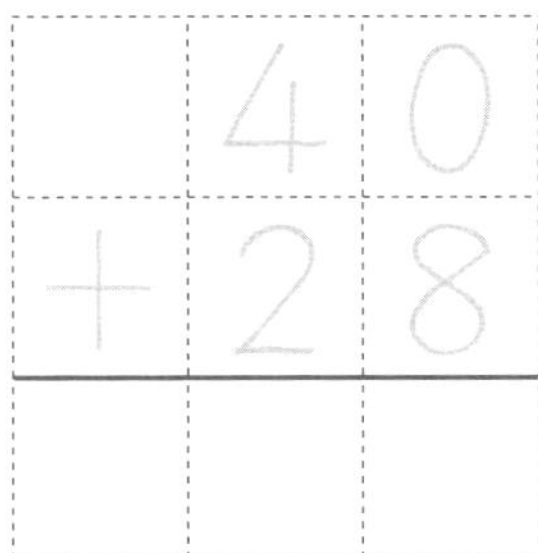

② 59＋30

③ 45＋20

④ 53＋3

⑤ 36＋1

⑥ 25＋2

⑦ 3＋72

⑧ 6＋62

おうちの方へ

このページは、一の位に0がある問題、片方が1けたの問題です。筆算に書き写すとき、位をまちがえないように注意させましょう。次は、一の位から十の位へと順に計算すれば簡単です。

【16ページの答え】①六月・雨　②大きな・音　③耳・手　④七夕・竹　⑤十　⑥上・上る　⑦赤・夕日　⑧三日月・出　⑨天・川

一年生の かん字の おさらい 5

べんきょうしたのは □月□日

おわったら 色ぬりしよう

□に かん字を 書(か)きましょう。〔 〕は かん字と おくりがなを 書(か)きましょう。うすい 字は なぞります。

① □□(ろくがつ)の □(あめ)。

② かみなりの 〔　　　〕(おおきな) □(おと)。

③ □(みみ)を □(て)で、ふさぐ。

④ 七夕(たなばた)の □(たけ)。

⑤ □(ち)よがみの かざり。

⑥ だいの □(うえ)に 〔　　　〕(のぼる)。

⑦ □(あか)い □□(ゆうひ)が しずむ。

⑦ □(あま)の □(がわ)が きれい。

⑧ □□□(みかづき)が □(で)る。

● おうちの方へ ●

「たなばた」は特別な読み方ですが、七月七日にはぜひ行いたい行事ですね。「のぼる」は「上ぼる」とよくまちがえます。「みかづき」は新月（月の出ない日）から数えて三日目の細い月と教えてあげてください。

耳 竹 夕

○→はね上げる ○→はねる ○→少しはなす

【15ページの答(こた)え】①68 ②89 ③65 ④56 ⑤37 ⑥27 ⑦75 ⑧68

たし算 6

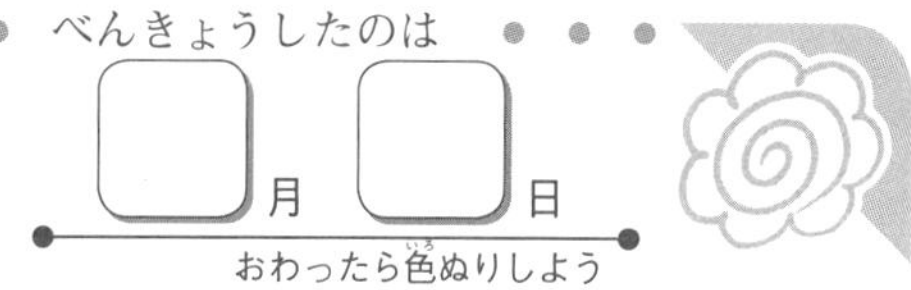

34＋18を　ひっ算で　します。①～③まで　声に　出して　読みましょう。

	十のくらい	一のくらい
	3	4
＋	1	8
	5	くり上がる 2

① はじめに、一のくらいの　計算を　します。

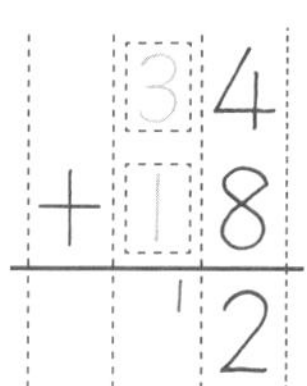

4＋8＝12　で　十のくらいに　くり上がるので、まず、十のくらいの　ところに、小さく「1」を　書きます。そして、一のくらいに　大きく「2」を　書きます。

② つぎに、十のくらいの　計算をします。

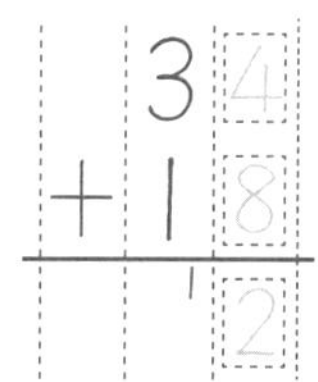

③ くり上がった「1」が　あるので　3＋1＋1　の　計算を　します。

ぜんぶを　書くと　下のように　なります。

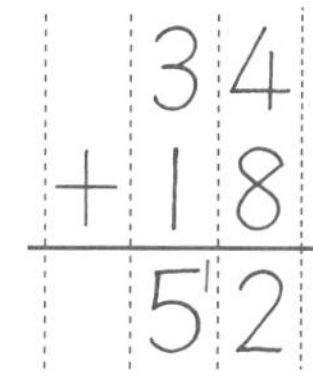

おうちの方へ

くり上がりのときの補助数字を書く位置は、教科書によってちがいます。上の説明のように補助数字の１を一の位の数より先に書かせる方がまちがいが少なくなります。

【18ページの答え】①水・手　②一生　③小さな・貝　④町　⑤八月・花火大　⑥雨天中　⑦休み　⑧日・文　⑨下上

一年生の かん字の おさらい 6

□に かん字を 書(か)きましょう。〔 〕は かん字と おくりがなを 書(か)きましょう。

べんきょうしたのは　月　日

① □(すい)えいせん□(しゅ)

② □□(いっしょう)けんめい およぐ。

③ 〔ちいさな〕□(かい)を ひろう。

④ □(ちょう)ないの ぼんおどり。

⑤ □□(はちがつ)の □□□(はなびたい)かい。

⑥ □□□(うてんちゅう)し。

⑦ いなかで なつ〔やすみ〕。

⑧ □(にっ)きの □(ぶん)。

⑨ □□(じょうげ)さかさま

おわったら 色(いろ)ぬりしよう

● おうちの方へ ●

「いっしょうけんめい」はもともとは「一所(しょ)懸命」（一つの所に命をかける）でしたが、誤用が転じて本流になった例です。「上下」も日常で使いたい反対語の組み合わせの熟語ですね。

町（町）下

位置に注意　○→少し離す

ナゾトキ☆クエスト

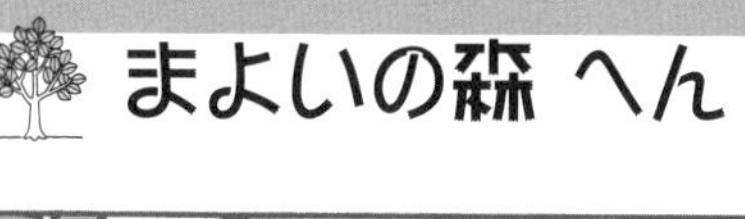

まよいの森 へん

ステージ 1

くもの　中に　何か　書いてある！
〈れい〉と　おなじように　□に　入る　かん字を　さがして　書いてみよう！

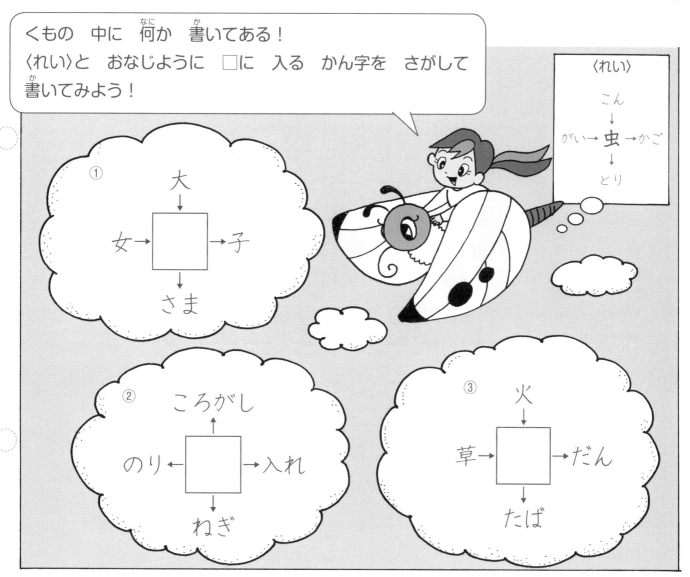

〈れい〉

こん → 虫
がい → 虫 → かご
虫 → とり

①
大 → □
女 → □ → 子
□ → さま

②
□ → ころがし
のり ← □ → 入れ
□ → ねぎ

③
火 → □
草 → □ → だん
□ → たば

33ページに　つづく。

答え　① 王　② 玉　③ 花

●下の計算の答えの数字のマスに色をぬりましょう。

1	2	3	4	5
6	7	8	9	10
11	12	13	14	15
16	17	18	19	20
21	22	23	24	25

- 1＋1
- 2＋2
- 3＋4
- 5＋4
- 6＋8
- 1＋2
- 22＋2
- 7＋12

答え

1	2	3	4	5
6	7	8	9	10
11	12	13	14	15
16	17	18	19	20
21	22	23	24	25

・7

たし算 7

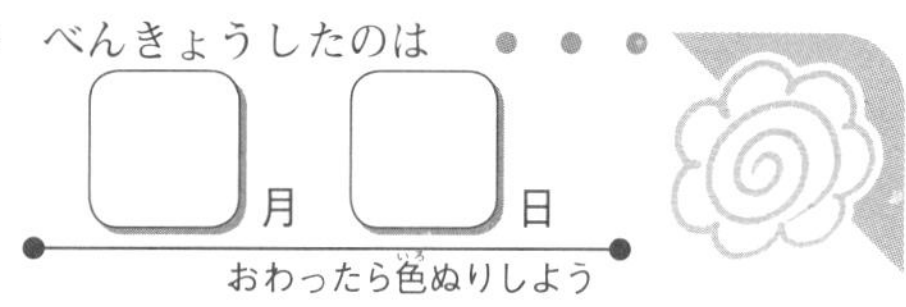

ひっ算で　しましょう。

① 36＋46

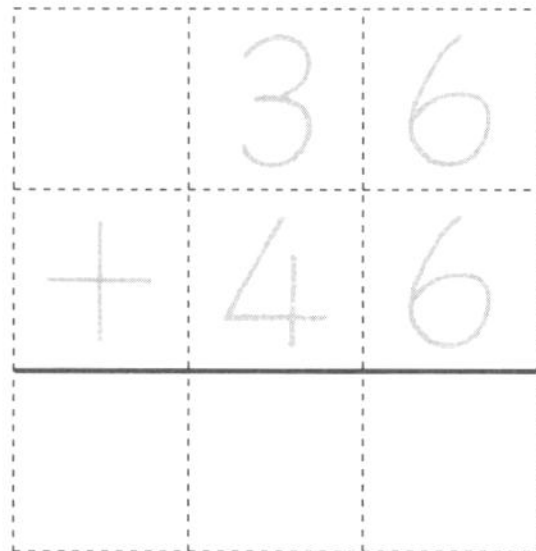

② 29＋55

③ 48＋46

④ 34＋47

⑤ 29＋64

⑥ 58＋29

⑦ 23＋49

⑧ 57＋35

おうちの方へ

くり上がりの補助数字は必ず「1」です。小さく書くのはむずかしいかもしれませんが、わかるようにていねいに書かせましょう。書く位置にも注意させましょう。

```
  3 6
＋4 6
   ¹2
```


【22ページの答え】①七五三　②金・足りない　③金・下ろす　④糸・子　⑤千円・本　⑥力・人　⑦円い・小　⑧正月・年玉　⑨白・草

一年生の かん字の おさらい 7

□に かん字を 書きましょう。〔 〕は かん字と おくりがなを 書きましょう。

べんきょうしたのは　□月　□日

① □□□（しちごさん）を いわう。

② お□（かね）が 〔たりない〕。

③ ちょ□（きん）を 〔おろす〕。

④ け□（いと）の ぼう□（し）。

⑤ □□（せんえん）の □（ほん）を かう。

⑥ □（ちから）もちの □（ひと）。

⑦ 〔まるい〕 □（こ）ざら。

⑧ お□□（しょうがつ）の お□□（としだま）。

⑨ □（はく）さいと ほうれん□（そう）。

おわったら 色ぬりしよう

おうちの方へ

「足りない」「下ろす」「ぼう子」は子どもには使いにくい字です。漢字は知っていても、その場合にその字を使うと知らないからです。いろいろな文に慣れていくこと、作文のときにできるだけ習った字を使って書くことが大切です。また「まるい」は、平面の円形は「円い」を用います。「丸い」は球状のものの場合です。

足　糸

→はらう　○→はねない

【21ページの答え】①82 ②84 ③94 ④81 ⑤93 ⑥87 ⑦72 ⑧92

たし算 8

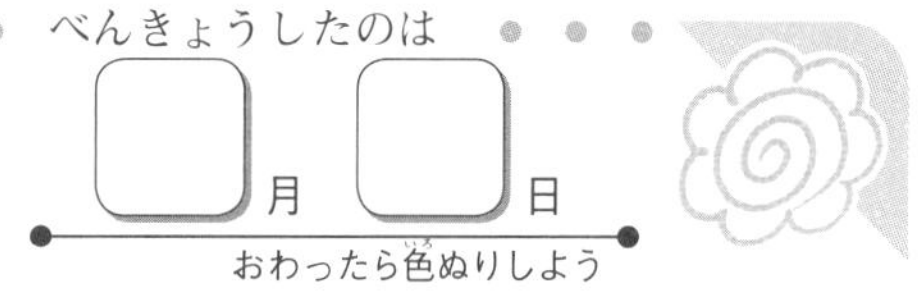

ひっ算で　しましょう。

① 39＋27

② 54＋28

③ 18＋67

④ 68＋15

⑤ 35＋37

⑥ 47＋25

⑦ 17＋76

⑧ 77＋17

● おうちの方へ  ●

くり上がりのしくみが理解でき、まちがえずに計算ができているでしょうか。まちがいの原因の一つに、自分が書いた数字が読めなくて、「2と3」「6と0」「7と9」などが自分でもどちらかわからないということがあります。

【24ページの答え】①一日　②二日　③三日　④四日　⑤五日　⑥六日　⑦七日　⑧八日　⑨九日　⑩十日　⑪二十日

一年生の かん字の おさらい 8

□に かん字を 書(か)きましょう。

べんきょうしたのは　月　日

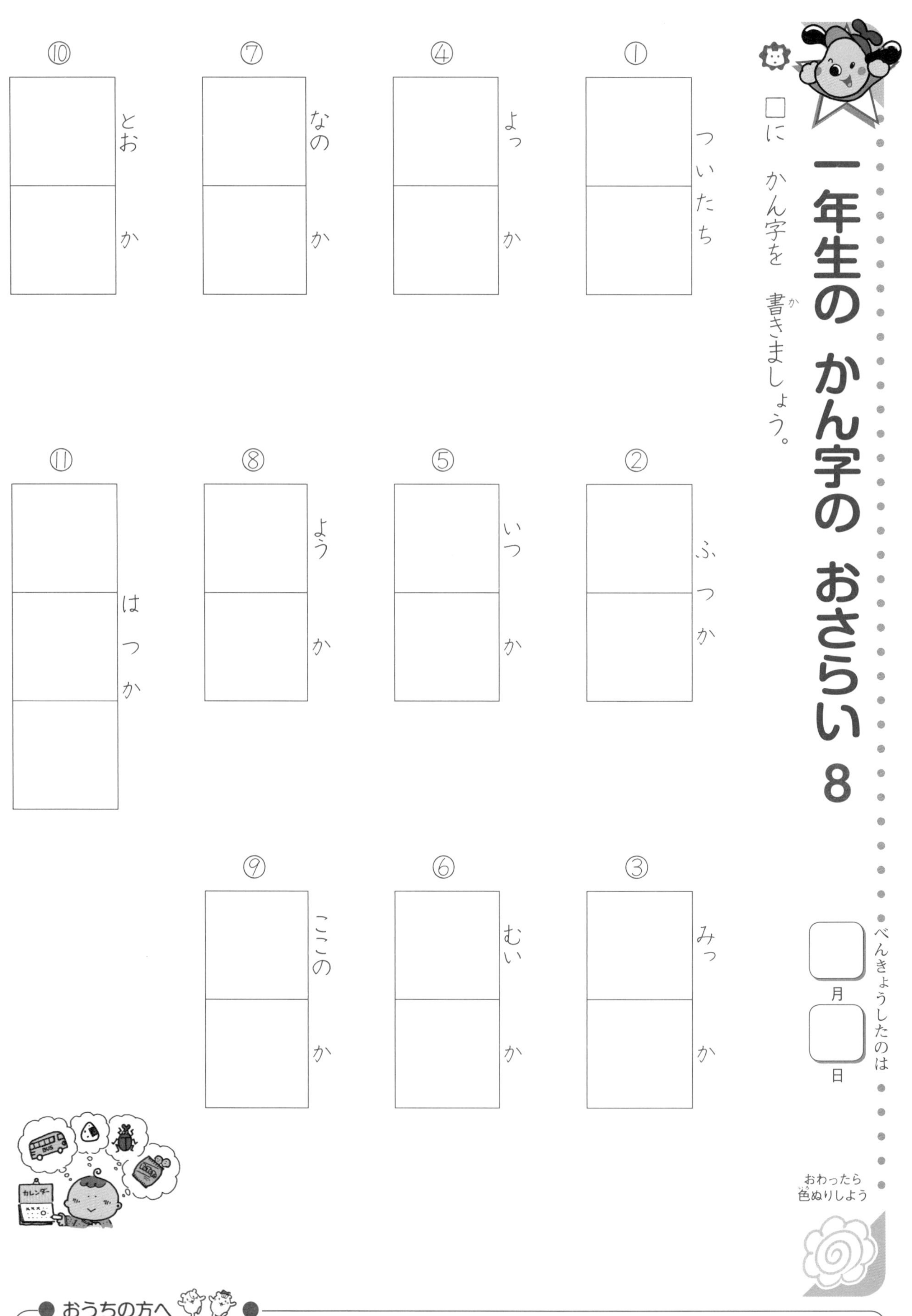

おわったら 色(いろ)ぬりしよう

● おうちの方へ ●

日付けの読み方は独特です。毎日の日付けを言うとき、カレンダーの日付けを読むときなど、日常でお家の人が必ず使うようにしてあげましょう。特に、「ようか」を「四日」と書いたり、「はつか」を「八日」と読み書きするまちがいが多いです。数詞は家の人が「ひとつ・ふたつ・みっつ……ここのつ・とおと」と心がけて使ってみましょう。

【23ページの答(こた)え】①66 ②82 ③85 ④83 ⑤72 ⑥72 ⑦93 ⑧94

たし算（ざん） 9

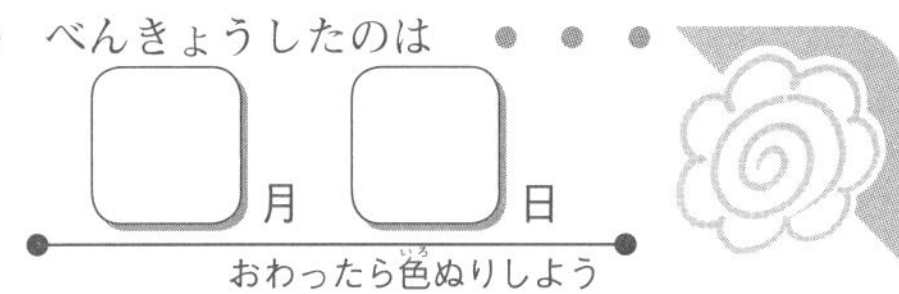

ひっ算（さん）で　しましょう。

① 12＋68

② 56＋14

③ 25＋35

④ 63＋7

⑤ 56＋7

⑥ 63＋8

⑦ 9＋29

⑧ 8＋14

おうちの方へ

④からは、２けたの数と１けたの数のたし算です。筆算にするとき、書く位をまちがえないよう注意させましょう。

【26ページの答え】①竹・草・生える　②雨・上がり・天気　③足・森林④青空・白い　⑤赤い・夕日・見
⑥三日月・出　⑦花火・大・音　⑧糸・子　⑨円い　⑩耳

一年生の かん字の おさらい 9 力だめし

べんきょうしたのは　月　日

□に かん字を 書きましょう。〔 〕は かん字と おくりがなを 書きましょう。

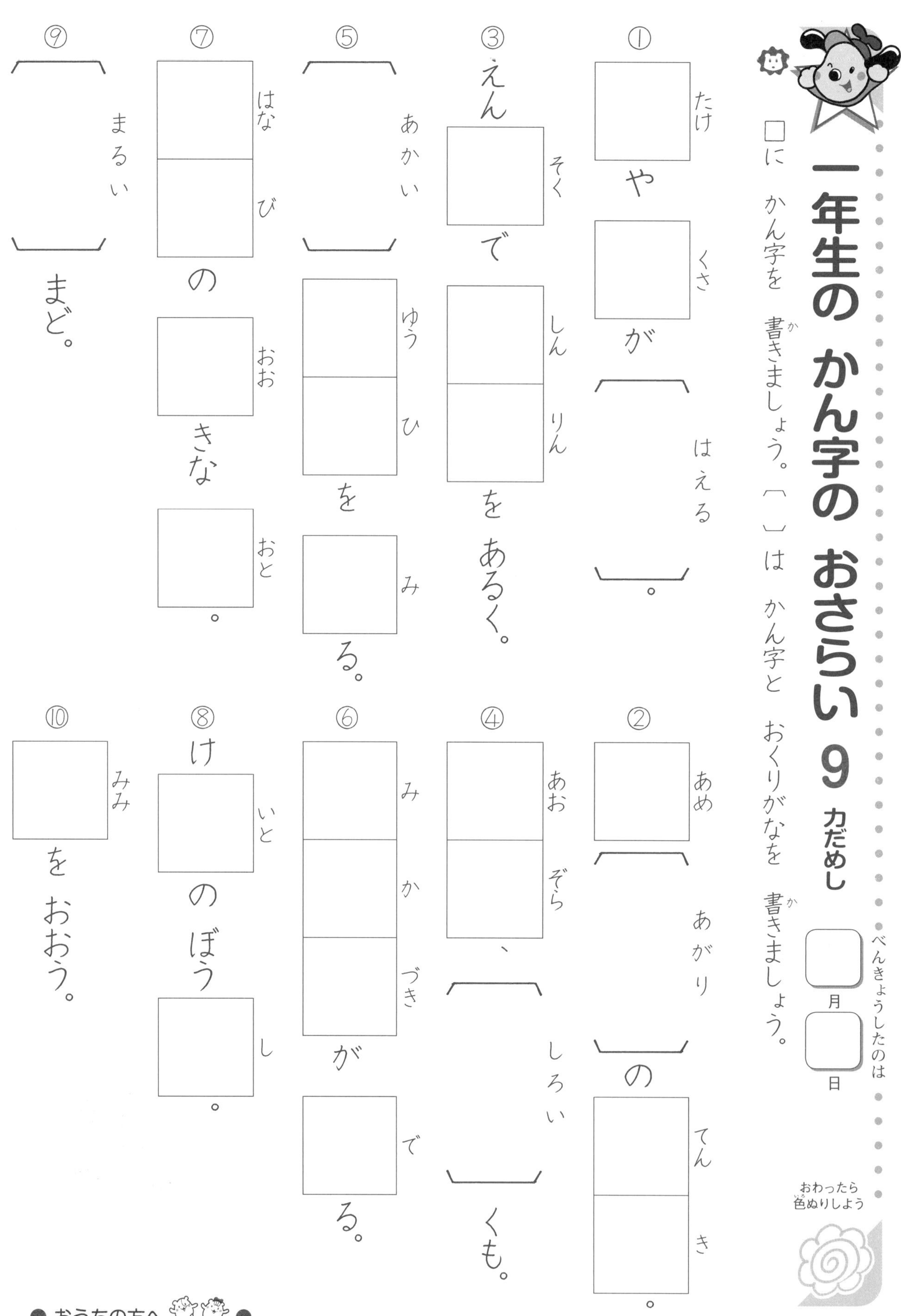

① □(たけ)や □(くさ)が 〔(はえる)〕。

② □(あめ)〔(あがり)〕の □□(てんき)。

③ えん□(そく)で □□(しんりん)を あるく。

④ □□(あおぞら)、〔(しろい)〕くも。

⑤ 〔(あかい)〕 □□(ゆうひ)を □(み)る。

⑥ □□□(みかづき)が □(で)る。

⑦ □□(はなび)の □(おお)きな □(おと)。

⑧ け□(いと)の ぼう□(し)。

⑨ 〔(まるい)〕 まど。

⑩ □(みみ)を おおう。

おわったら色ぬりしよう

おうちの方へ

書きにくい字やまちがいの多い字を集めてみました。止め・はね・はらいのところをよく見て答え合わせをしましょう。全部書けなかったら、「一年生のかん字のおさらい1～9」をノートに書いて、おさらいをするとよいですね。

【25ページの答え】①80 ②70 ③60 ④70 ⑤63 ⑥71 ⑦38 ⑧22

ひき算 1

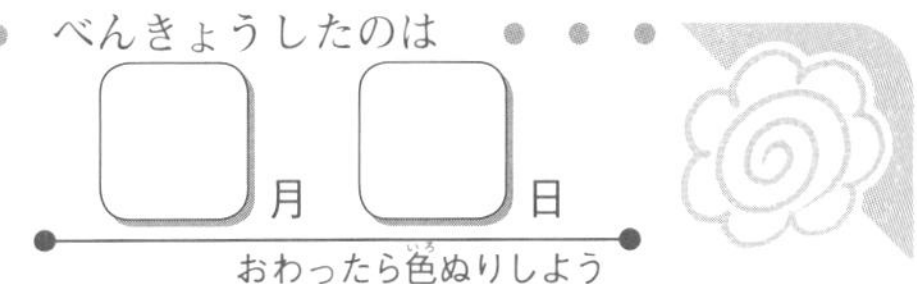
べんきょうしたのは
月
日
おわったら色ぬりしよう

39−25を　ひっ算で　します。①〜③まで　声に　出して　読みましょう。

	十のくらい	一のくらい
	3	9
−	2	5
	1	4

① ひっ算は　くらいを　そろえて　書きます。

$$\begin{array}{r} 39 \\ -\ 25 \\ \hline \end{array}$$

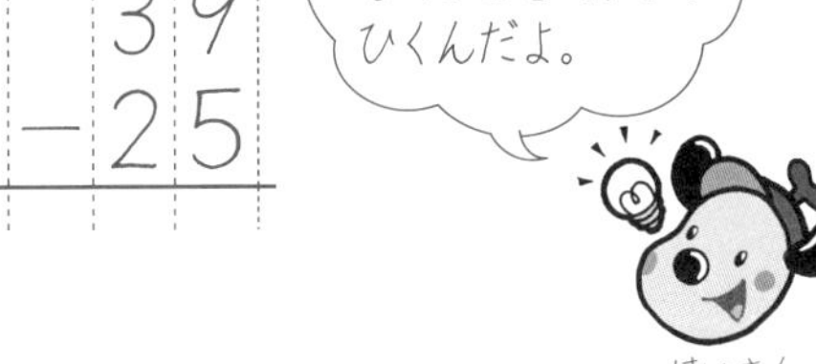
線は
ものさしを あてて
ひくんだよ。

② はじめに、一のくらいの　計算を　します。

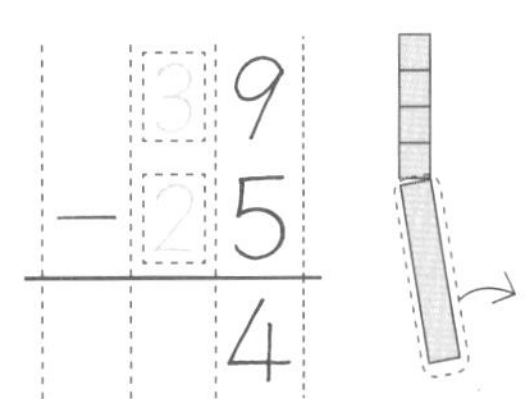

$$\begin{array}{r} 39 \\ -\ 25 \\ \hline 4 \end{array}$$

③ つぎに、十のくらいの　計算を　します。

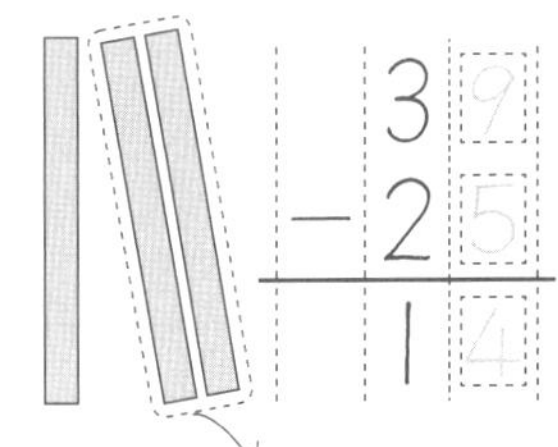

$$\begin{array}{r} 39 \\ -\ 25 \\ \hline 14 \end{array}$$

ぜんぶを　書くと、下のように　なります。

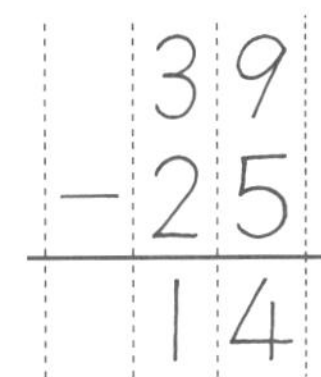

$$\begin{array}{r} 39 \\ -\ 25 \\ \hline 14 \end{array}$$

おうちの方へ

たし算同様、ひき算も位をそろえて書くことが大切です。数字をていねいに書かせましょう。一の位から計算するのが順序です。

二年生の かん字 1

左の お手本を 見て 右に 書(か)きましょう。つぎに、左の お手本を なぞりましょう。

べんきょうしたのは　月　日

刀（2画）　トウ　かたな

読み	書く	お手本
こ		小
がたな		刀
		（絵）
ぼく		木
とう		刀

丸（3画）　ガン　まる・まる-い

読み	書く	お手本
まる		丸
き		木
		（絵）
まる		丸
		める

工　コウ・ク

読み	書く	お手本
こう		工
さく	作	作
		（絵）
だい		大
く		工

・丸木(まるき)…きったままの丸(まる)い木。

才　サイ

読み	書く	お手本
じっ		十
さい		才
		（絵）
てん		天
さい		才

万　マン

読み	書く	お手本
じゅう		十
まん		万
		（絵）
まん		万
いち		一

弓　ゆみ

読み	書く	お手本
ゆみ		弓
や	矢	矢
		（絵）
ゆみ		弓
がた	形	形

・弓形(ゆみがた)…弓(ゆみ)のようなかたち。

おわったら 色(いろ)ぬりしよう

おうちの方へ

2年生の漢字は画数の少ないものから、同じ画数では音読みで五十音順で出しています。熟語は、1年生で学習したものと2年生で学習するものを使っています。筆順をまちがいやすいのは、「丸」「弓」「万」です。特に「弓」は一筆書きにならないように。上の漢字を使った言葉には「丸顔」「工場」「才能（5年生で学習）」などがあります。

ひき算 2

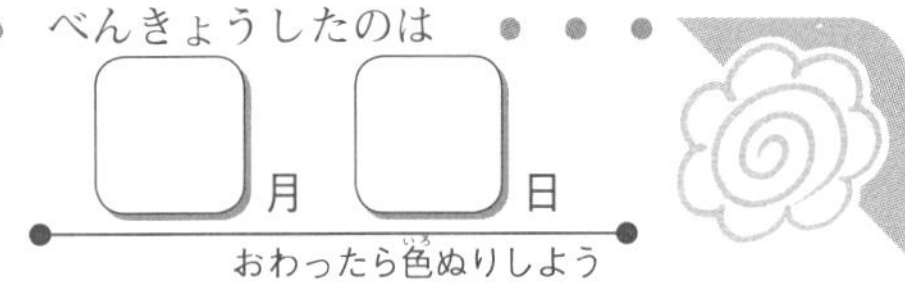

ひっ算で しましょう。

① 45−12

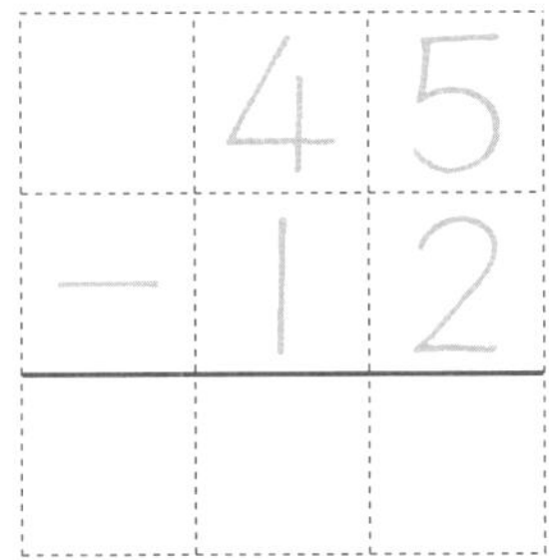

② 93−13

③ 59−14

④ 86−24

⑤ 78−37

⑥ 89−12

⑦ 69−15

⑧ 87−32

● おうちの方へ  ●

横式をていねいに筆算に写していますか。まず位をそろえて、ていねいに数字を書くことが大切です。横線は定規を当てて、ていねいに引かせましょう。

二年生の かん字 2

左の お手本を 見て 右に 書きましょう。つぎに、左の お手本を なぞりましょう。

べんきょうしたのは　月　日

（4画）

引 イン ひ-く	牛 ギュウ うし	元 ゲン ガン もと
引力（いんりょく）	水牛（すいぎゅう）	元気（げんき）
引く（ひく）	子牛（こうし）	足元（あしもと）

・引力（いんりょく）…ものとものが引き合う力。
・足元（あしもと）…足の下のあたり。

戸 コ と	午 ゴ	公 コウ
戸外（こがい）	午前（ごぜん）	公園（こうえん）
雨戸（あまど）	正午（しょうご）	公立（こうりつ）

・戸外（こがい）…いえのそと。
・正午（しょうご）…お昼の十二時。
・公立（こうりつ）…市や町などがつくること。

おわったら色ぬりしよう

● おうちの方へ ●

「牛」と「午」はよくまちがいます。お昼の12時のことを正午、それより前を「午前」といい、正午より後を「午後」といういい方があることを教えてあげてください。昼の12時半は午後0時30分です。2年生では熟語の数が増えます。少しずつ熟語を使えるように、お家の人が日常で使うように心がけましょう。

公 →ははらう

【29ページの答え】①33 ②80 ③45 ④62 ⑤41 ⑥77 ⑦54 ⑧55

ひき算 3

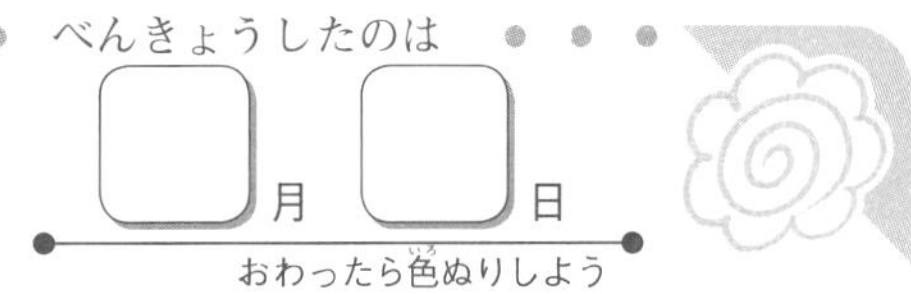

ひっ算で しましょう。

① 94−51

	9	4
−	5	1

② 56−35

③ 78−41

④ 29−17

⑤ 97−32

⑥ 76−66

⑦ 96−34

⑧ 99−26

おうちの方へ

くり下がりがないひき算は、一の位、十の位、それぞれの計算は簡単です。①横式をきちんと写す。②一の位の計算をする。③十の位の計算をする。この①、②、③が順序よくできていることが、次のステップでも大切になってきます。

二年生の かん字 3

左の お手本を 見て 右に 書(か)きましょう。つぎに、左の お手本を なぞりましょう。

べんきょうしたのは □月 □日

おわったら 色(いろ)ぬりしよう

（4画）

今	止	少
コン / いま	シ / と-める	ショウ / すこ-し・すく-ない
今月（こんげつ）	中止（ちゅうし）	少年（しょうねん）
今週（こんしゅう）	てい止（し）	少し（すこし）

心	切	太
シン / こころ	セツ / き-る	タ・タイ / ふと-い
中心（ちゅうしん）	大切（たいせつ）	太よう（たいよう）
ま心（ごころ）	親切（しんせつ）	丸太（まるた）

・丸太(まるた)…かわをむいた丸(まる)い木。

● おうちの方へ ●

書き取りを練習する熟語は、2年生で知っておいてほしいものを選択して出題していますので、必ずしも音読み・訓読み両方が出ているわけではありません。

少 どちらも少し離す　切 まげて止める　（七）折れない はねない

【31ページの答(こた)え】①43 ②21 ③37 ④12 ⑤65 ⑥10 ⑦62 ⑧73

ナゾトキ☆クエスト

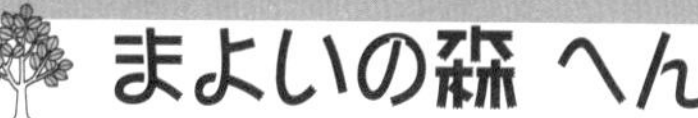

川の　と中(ちゅう)で　カエルさんに　会(あ)ったよ。どうしたのかな？

なかまと　はぐれて　しまったんだ！
かん字の　よみが　しりとりに　なるように
点(てん)せんを　なぞって　川を　わたらせてね！

スタート

中　花　貝　白　石　六　草

ゴール

47ページに　つづく。

花(はな) → 中(なか) →
貝(かい) → 石(いし) →
白(しろ) → 六(ろく)

●おなじ　答(こた)えに　なる　しきを　せんで　むすびましょう。
できた　かたちに　色(いろ)を　ぬると　ことばが　出るよ。

1＋2・		・9－3
	七　五　三	
2＋3・		・7－2
	十　二　月	
	五　年　生	
2＋2・		・9－5
	夜　汽　車	
3＋3・		・6－3

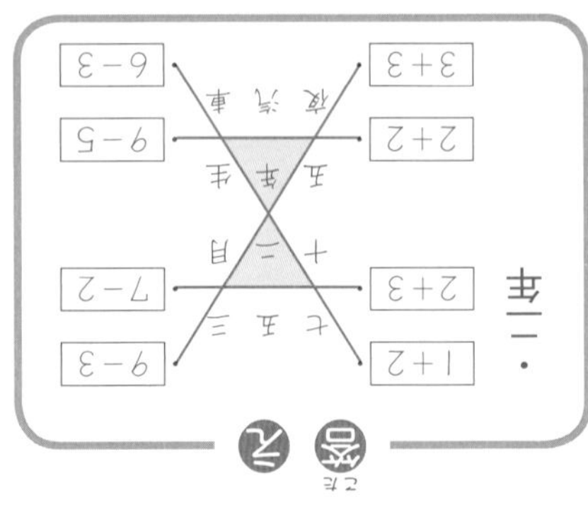

ひき算 4

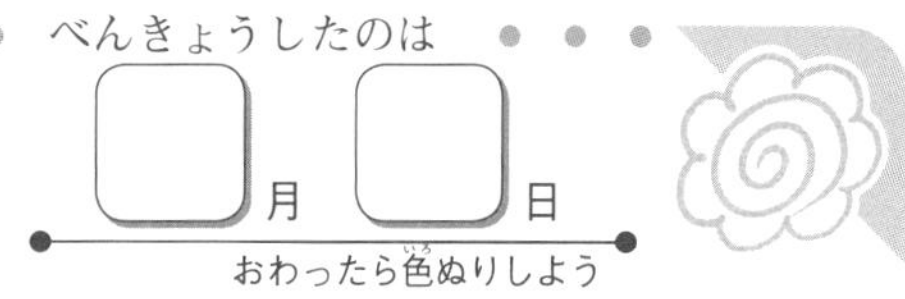

ひっ算で　しましょう。

① 78－62

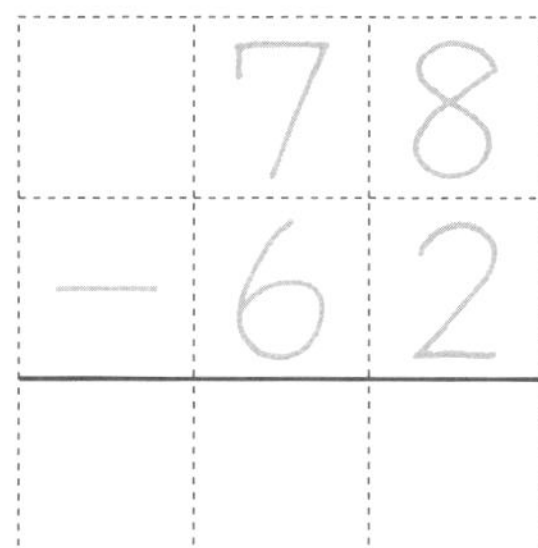

② 99－35

③ 78－46

④ 67－20

⑤ 55－40

⑥ 46－30

⑦ 94－ 1

⑧ 83－ 2

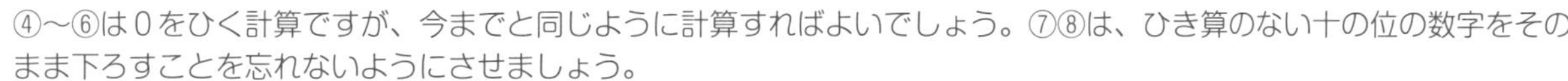

④～⑥は０をひく計算ですが、今までと同じように計算すればよいでしょう。⑦⑧は、ひき算のない十の位の数字をそのまま下ろすことを忘れないようにさせましょう。

二年生の かん字 4

左の お手本を 見て 右に 書きましょう。つぎに、左の お手本を なぞりましょう。

べんきょうしたのは　月　日

おわったら色ぬりしよう

かん字	音	訓	ことば
内（4画）	ナイ	うち	体内（たいない）、内気（うちき）
父	フ	ちち	父母（ふぼ）、父親（ちちおや）
分	ブ・フン・ブン	わ-ける	半分（はんぶん）、水分（すいぶん）
方	ホウ	かた	方角（ほうがく）、夕方（ゆうがた）
毛	モウ	け	毛ふ（もうふ）、毛虫（けむし）
友	ユウ	とも	友人（ゆうじん）、親友（しんゆう）

・内気（うちき）…気がよわくおとなしいせいしつ。

・水分（すいぶん）…水気（みずけ）。

● おうちの方へ ●

上の漢字を使った言葉には「内外」「内側（・は5年生で学習）」「父兄」「気分」「一年分」「方向（3年生で学習）」「方法（4年生で学習）」「毛糸」「毛筆（3年生で学習）」「友情（5年生で学習）」などがあります。「お父さん」は、音訓にはなく、特別な読み方です。

内 父 分 方 友

○→あける ・→止める　○→あける ・→止める　○→あける　混同しないように

【35ページの答え】①16 ②64 ③32 ④47 ⑤15 ⑥16 ⑦93 ⑧81

ひき算 5

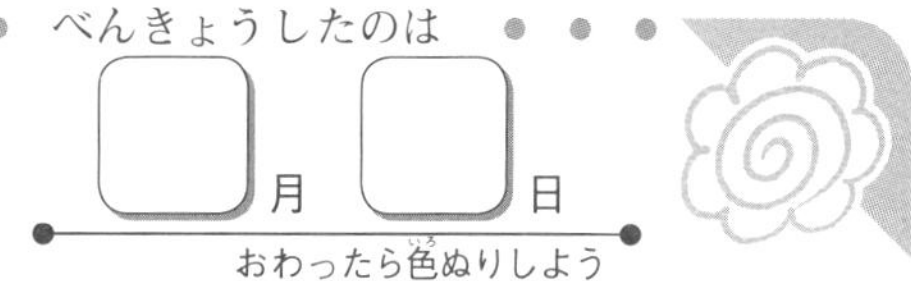

43−18を　ひっ算で　します。①～③まで　声に　出して　読みましょう。

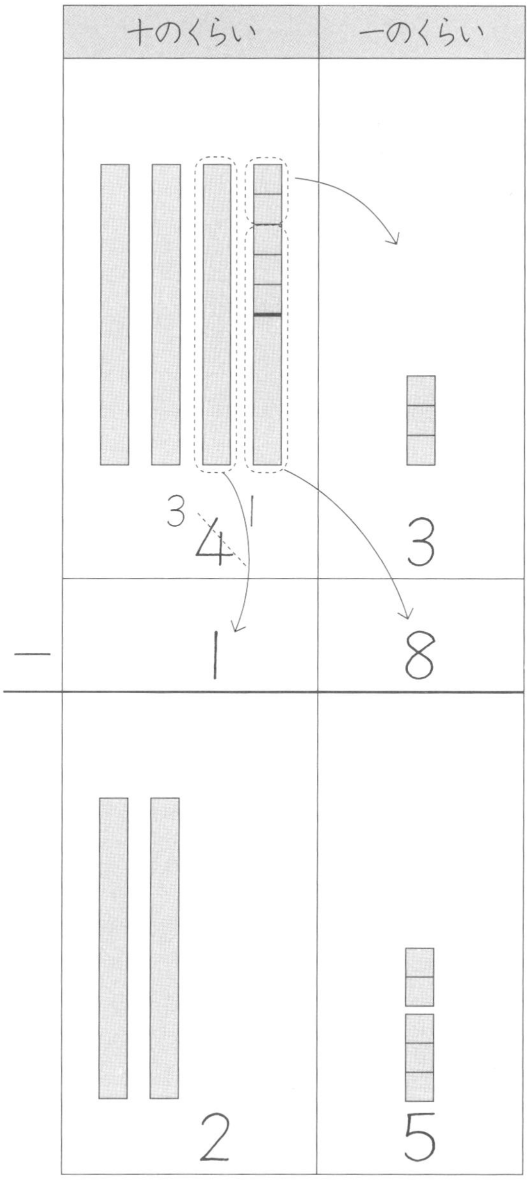

	十のくらい	一のくらい
	³4̸ ¹	3
−	1	8
	2	5

① ひっ算は、くらいを　そろえて　書きます。

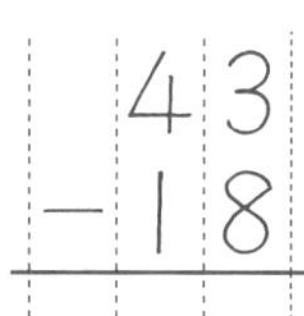

② はじめに、一のくらいの　計算を　します。

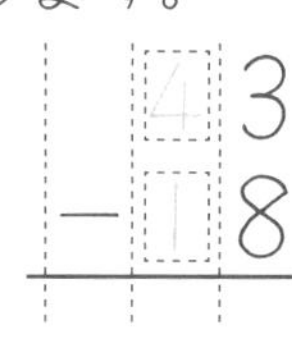

ア　3 − 8　は　できません。
　十のくらいから　十を　1つ　もらいます。

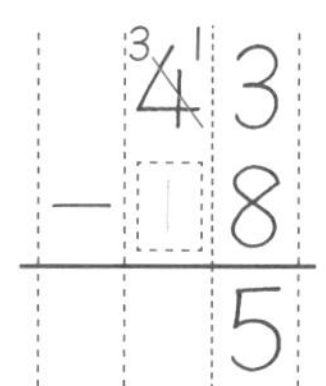

イ　13−8＝5

③ つぎに、十のくらいの　計算を　します。

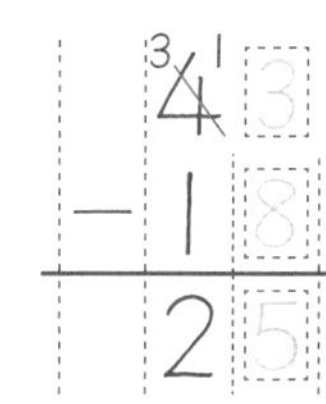

4は　1くり下げたので　3に　なって　います。
3−1＝2

　ぜんぶを　書くと、下のように　なります。

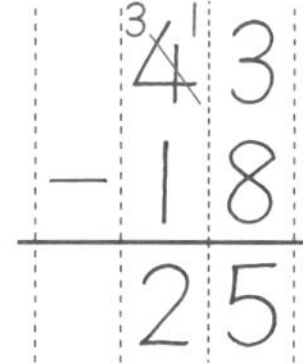

おうちの方へ

「一の位ではひき算できません。十の位をくずします」このことが大切です。十の位をくずすとき補助数字を書きます。補助数字の位置や書く・書かないは、教科書によって異なります。

【38ページの答え】①一頭　②一ちゃく　③一台　④一こ　⑤一足　⑥一まい　⑦一ぴき　⑧一羽

数（かず）の　たんい

つぎの　ものの　数（かぞ）え方（かた）を　□　から　えらんで、（　）に　書（か）きましょう。

①　牛（うし）（　　）

②　本（　　）

③　自（じ）てん車（　　）

④　いちご（　　）

⑤　くつ下（　　）

⑥　おり紙（がみ）（　　）

⑦　ねこ（　　）

⑧　鳥（とり）（　　）

一さつ	一頭（とう）	一こ	一台（だい）	
一羽（わ）	一まい	一足	一ぴき	

これも「羽（わ）」と　数（かぞ）えるよ。

1羽（わ）

2羽（わ）

べんきょうしたのは　月　日

おわったら　色（いろ）ぬりしよう

● おうちの方へ ●

数え方の中でむずかしいのは①⑤⑦⑧です。①と⑦の区別は、大きい動物は「頭（とう）」（くじらも「頭」）、小さめの動物は「ひき」（虫も「ひき」）です。最もむずかしいのは「羽（わ）」です。「一羽（いちわ）・三羽（さんば）・十羽（じっぱ）」と読み方が変わります。うさぎを「羽（わ）」と数えるのは、耳が羽のようだからとか、僧が食べるために無理やり鳥として数えた、などの説があります。

ひき算 6

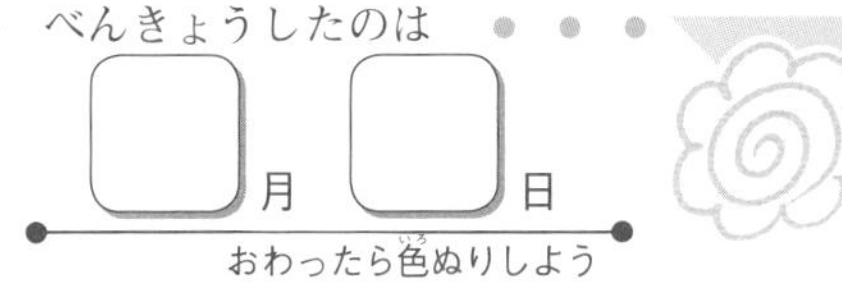

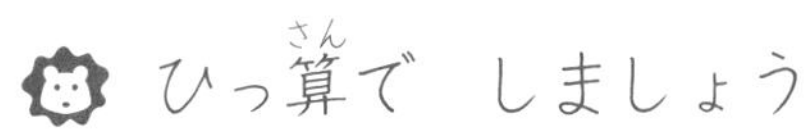

ひっ算で　しましょう。

① 63−47

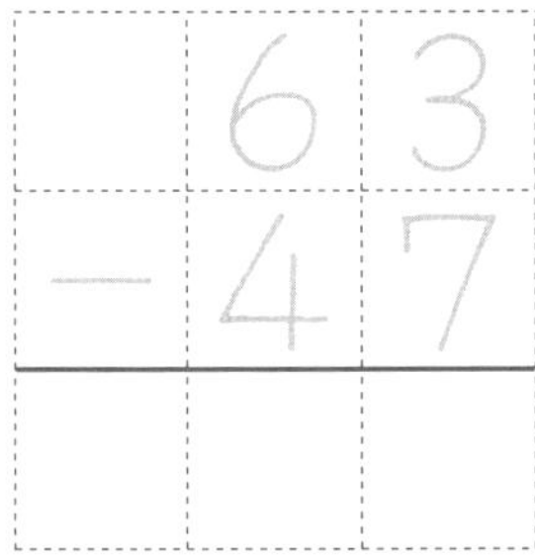

② 72−26

③ 82−13

④ 96−59

⑤ 57−38

⑥ 35−17

⑦ 61−29

⑧ 74−55

おうちの方へ

補助数字は枠の上にはずれてもいいですが、はっきり書くようにさせましょう。くり下がりをきちんと意識させましょう。

二年生の かん字 5

左の お手本を 見て 右に 書きましょう。つぎに、左の お手本を なぞりましょう。

べんきょうしたのは 　月　日

（5画）

外	ガイ　そと　ほか　はず-す	外国（がいこく）、外出（がいしゅつ）
兄	キョウ　あに	兄弟（きょうだい）、兄（あに）
古	コ　ふる-い	中古（ちゅうこ）、古本（ふるほん）
広	コウ　ひろ-い	広こく（こうこく）、広場（ひろば）
市	シ　いち	市内（しない）、市場（いちば）
台	タイ　ダイ	ふみ台（ふみだい）、台風（たいふう）

・中古（ちゅうこ）…つかってあるもの。

おわったら色ぬりしよう

● おうちの方へ ●

「外」は「タ（た）ト（と）」、「古」は「十（じゅう）ロ（くち）」、「台」は「ム（む）ロ（くち）」と覚えましょう。上の漢字を使った言葉→「外人」「町外れ」「広間」「市立学校」など。「お兄さん」は特別な読み方です。

兄（兄）→はまっすぐ下げる　古 1画目は長く　市 上からつながらない

【39ページの答え】①16 ②46 ③69 ④37 ⑤19 ⑥18 ⑦32 ⑧19

ひき算（ざん） 7

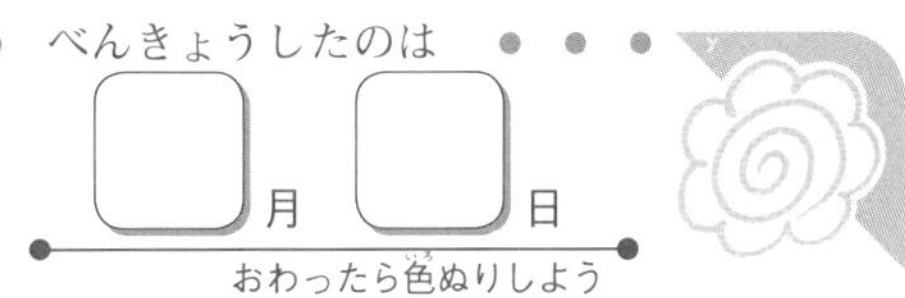

ひっ算（さん）で　しましょう。

① 64－19

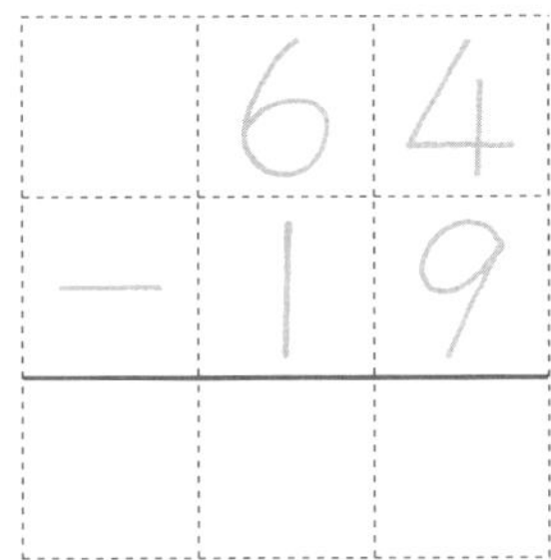

② 32－17

③ 61－16

④ 75－38

⑤ 81－54

⑥ 92－49

⑦ 86－48

⑧ 43－15

おうちの方へ

①では、一の位を計算するとき、「4－9」はできないので「9－4」とする子がいます。答えは「5」で、一の位は合ってしまうので、まちがいに気づきません。②③も同じです。「4から9はひけないから、十の位をくずす」が大事になります。

二年生の かん字 6

左の お手本を 見て 右に 書きましょう。つぎに、左の お手本を なぞりましょう。

べんきょうしたのは　月　日

（5画）

冬 トウ ふゆ
- 冬みん（とう）
- ま冬（ふゆ）

半 ハン なか-ば
- 前半（ぜんはん）
- 半ば（なか）

母 ボ はは
- 母校（ぼこう）
- 母親（ははおや）

北 ホク きた
- 南北（なんぼく）
- 北国（きたぐに）

矢 や
- 矢車（やぐるま）
- 矢じるし（や）

用 ヨウ もち-いる
- 用じ（よう）
- 用心（ようじん）

- 半ば…半分くらいのところ。
- 母校…そつぎょうした学校。

おわったら 色ぬりしよう

● おうちの方へ  ●

「母」の「⺀（てん）」は、お母さんのおっぱいを表しています。ちなみに「毎」は「⺀」ではありません。「矢」は「ノ（の）一（いち）大（だい）」というふうに、漢字を分解して覚えるのもよい方法です。上の漢字を使った言葉→「立冬」「冬山」「半年」「北風」「北向き」「画用紙」など。「お母さん」は特別な読み方です。

冬 点の向きに注意　半 4画目は3画目より長く　北 3・4画目注意

【41ページの答え】①45 ②15 ③45 ④37 ⑤27 ⑥43 ⑦38 ⑧28

ひき算 8

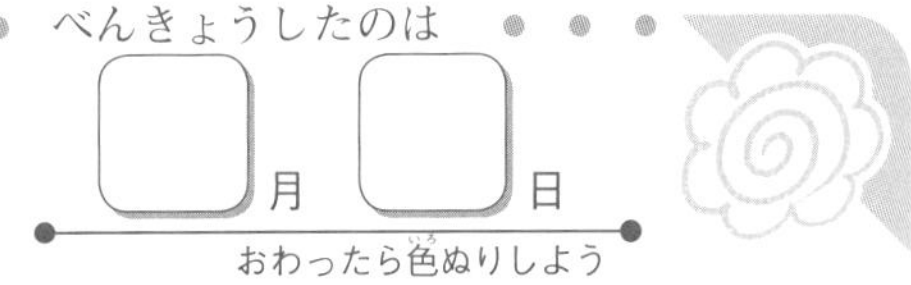

ひっ算で　しましょう。

① 66－47

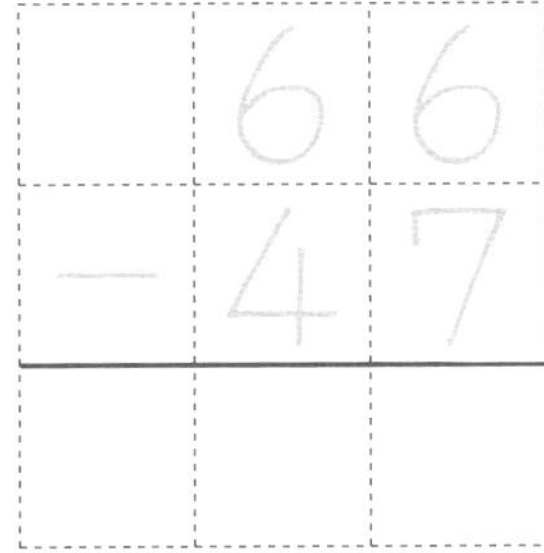

② 51－23

③ 63－49

④ 50－34

⑤ 70－21

⑥ 80－65

⑦ 54－6

⑧ 91－8

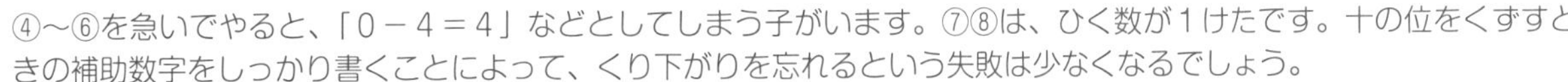

おうちの方へ

④～⑥を急いでやると、「0－4＝4」などとしてしまう子がいます。⑦⑧は、ひく数が1けたです。十の位をくずすときの補助数字をしっかり書くことによって、くり下がりを忘れるという失敗は少なくなるでしょう。

二年生の かん字 7

左の お手本を 見て 右に 書きましょう。 つぎに、左の お手本を なぞりましょう。

べんきょうしたのは　月　日

おわったら 色ぬりしよう

回（6画）
カイ　まわ-る

前回（ぜんかい）　回
今回（こんかい）　回

会
カイ　あ-う

大会（たいかい）　会
会話（かいわ）　会

交
コウ　まじ-わる

交点（こうてん）
交たい（こうたい）

・前回…前のとき。

光
コウ　ひかり　ひか-る

日光（にっこう）　光
光線（こうせん）　光

考
コウ　かんが-える

さん考（さんこう）　考
考える（かんがえる）　考

行
コウ　ギョウ　い-く　ゆ-く　おこな-う

行しん（こうしん）　行
行い（おこない）　行

・さん考…ヒントにして考えること。
・行い…すること。ふだんの行どう。

おうちの方へ

「交」は「亠（なべぶた）」に「父」です。上の漢字を使った言葉→「回数」「回り道」「会社」「交流（3年生で学習）」「交番」「交通」「考え方」「思考」「行数」「行事（3年生で学習）」「行列（3年生で学習）」など。

光　考
1画目は長く　○→3本交わる
○→はなす　→上から書く

【43ページの答え】①19 ②28 ③14 ④16 ⑤49 ⑥15 ⑦48 ⑧83

長さ 1

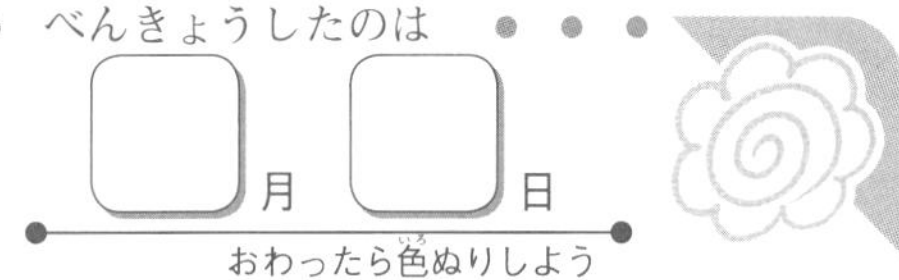
べんきょうしたのは
月
日
おわったら色ぬりしよう

どちらの　魚が　長いでしょう。

お兄さん　　　　　　　　　　　　　　　　　ぼく

クーラーの
長さより　ちょっと
みじかい　魚だよ。

クーラーの
長さより　長い
魚だよ。

電話での　話では、ぼくの　魚の　ほうが　長そうですね。
家へ　帰って　くらべて　みました。

お兄さんの　つった　魚

ぼくの　つった　魚

長さを　くらべる　ときに、ちがった　ものを　もとに　すると　くらべる　ことが　できません。そこで、せかい中の　人が　つかう　長さの　たんいを　きめました。

├──┤　**1センチメートル(cm)**　です。１cmは　長さの　たんいです。

長さの　たんい　1cm

おうちの方へ

ものさしを使わず身近にある物を用いて、それがいくつあるかで長さをはかるやり方などは教科書を利用してください。
長さのもとは「1ｍ」です。その100分の1が1cmです。

二年生の かん字 8

左の お手本を 見て 右に 書きましょう。つぎに、左の お手本を なぞりましょう。

べんきょうしたのは　月　日

おわったら色ぬりしよう

(6画)

合 ゴウ ガッ あ-う

しゅう合（ごう）

合（がっ）体（たい）

寺 ジ てら

寺（じ）社（しゃ）

山（やま）寺（でら）

自 ジ シ みずか-ら

自（じ）分（ぶん）

自（し）ぜん

・寺社…お寺や神社。

色 シキ ショク いろ

原（げん）色（しょく）

色（しき・いろ）紙（し・がみ）

西 サイ セイ にし

東（とう）西（ざい）

西（にし）日（び）

多 タ おお-い

多（た）少（しょう）

多（た）数（すう）

・西日…夕方、西からあたる日光。

● おうちの方へ ●

上の漢字を使った言葉→「合計」「古寺」「寺院（３年生で学習）」「自信（４年生で学習）」「自作」「自力」「五色（ごしき・ごしょく）」「十人十色」「顔色」「西風」など。「自」ははなを前から見た形（㒵）で、自分のはなを指さして「わたし」と言うところから「自分」の意味になったと言われています。

寺 3・4画目の長さに注意　西 →はまげはらい

ナゾトキ☆クエスト まよいの森 へん

さいこう！ いっすんぼうしに なった 気分…。
1

そろそろ はかせの おうちの 近くね！
2

たいへん！ ここは 食虫しょくぶつの 森だわ！

かたかなで 書く ことばを たどって 森を ぬけましょう。
まちがった 道を とおると 食べられてしまいますよ。

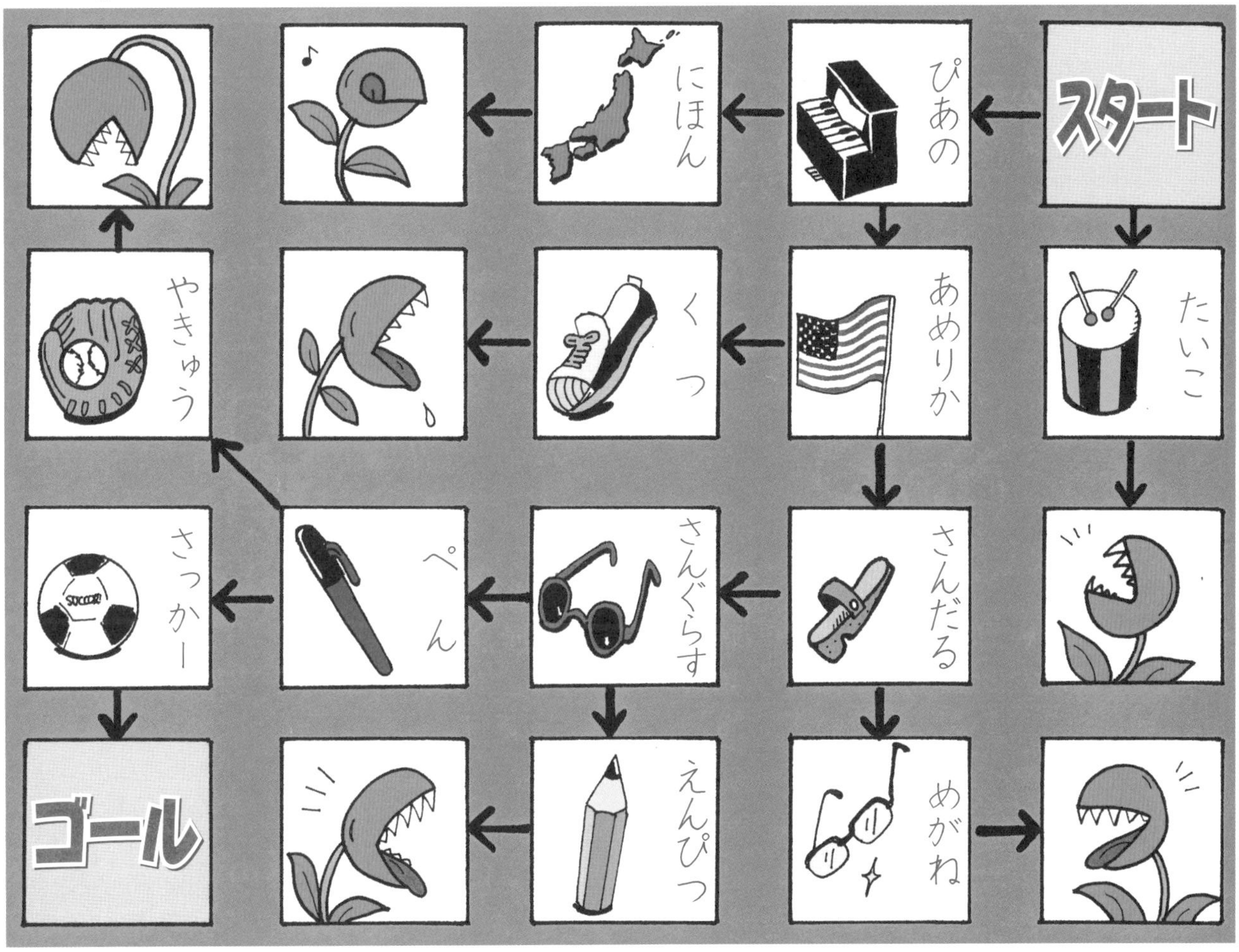

		にほん	ぴあの	スタート
やきゅう		くつ	あめりか	たいこ
さっかー	ぺん	さんぐらす	さんだる	
ゴール		えんぴつ	めがね	

レイナ こっち！

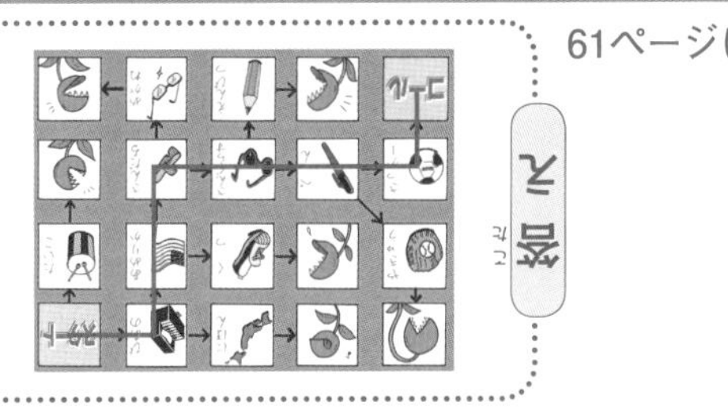

61ページに つづく。

●いろいろな　ものさし

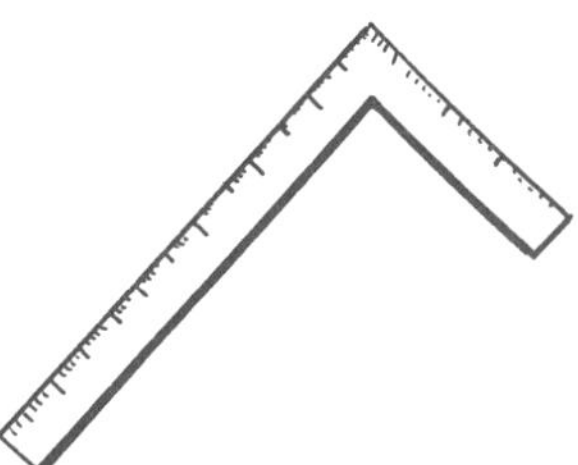

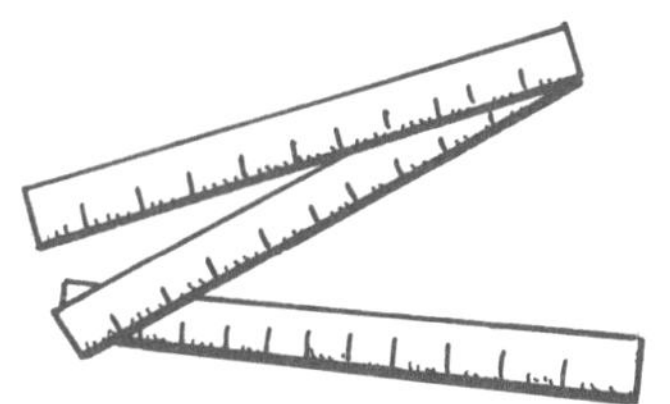

●曲尺（かねじゃく）
大工さんが　今も　つかって
います。いろいろな　つかい方
が　できます。
50cm くらいを　はかります。

●おりじゃく
おりたたんで　もちはこびでき
るので　べんりです。
のばして　つかいます。
1m くらいを　はかります。

●まきじゃく
体いくの　とき、うんどう会の
ときに　よく　つかいますね。
50m くらいを　はかります。

●光波（こうは）きょり計
土地の　長さなどを　はかり
ます。

★mm より　もっと　みじかい　長さを　はかるには、どうするのでしょうか？
m より　ずっと　長い　長さを　はかるときは、どうするのでしょうね。

長さ 2

べんきょうしたのは　月　日

おわったら色ぬりしよう

1. cmの　書き方を　れんしゅうしましょう。

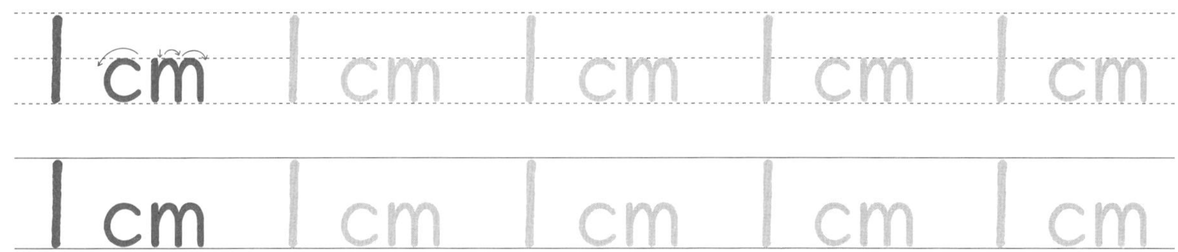

2. つぎの　長さは　何cmでしょう。

①

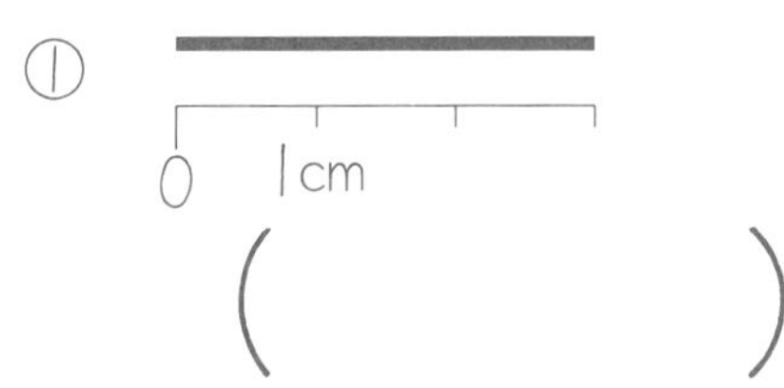

(　　　　)

②

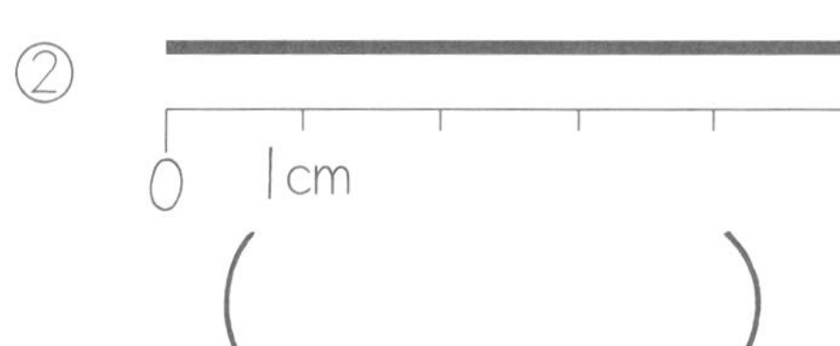

(　　　　)

③

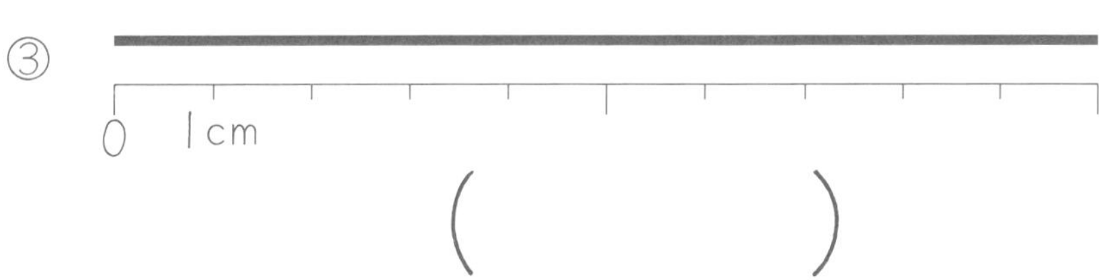

(　　　　)

3. つぎの　線の　長さを　ものさしで　はかりましょう。

①

(　　　　)

②

(　　　　)

③

(　　　　)

●おうちの方へ●

cmの書き方は、2年生には結構むずかしいです。ゆっくりていねいになぞらせて、正しく書けるようにさせましょう。定規を当てるとき、「0」の目もりがはしからずれないよう気をつけさせましょう。

かたかな 1 まちがいやすい字

書きじゅんに 気を つけて なぞってから、下の □に れんしゅうしましょう。

べんきょうしたのは □月 □日

ヲ	リ	ソ	ン	ツ	シ
ヲ	リ	ソ	ン	ツ	シ
ヲ	リ	ソ	ン	ツ	シ
ニ					

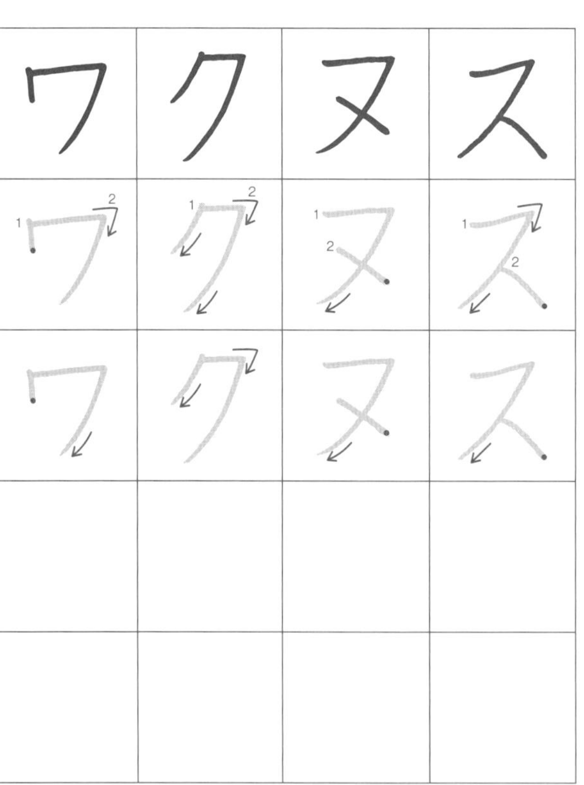

ワ	ク	ヌ	ス
ワ	ク	ヌ	ス
ワ	ク	ヌ	ス

「ヲ」の 書きじゅんに 気を つけようね。

おわったら 色ぬりしよう

● おうちの方へ ●

ここではまちがいやすい字、形の取りにくい字を練習します。「シ」と「ツ」、「ン」と「ソ」と「リ」、「ク」と「ワ」は特に書き分けるのがむずかしい字です。形をよく見て練習しましょう。「シ→シ→し→し」、「ツ→ツ→つ→つ」と形を覚えるとまちがえません。また、「ヲ」の筆順は「ニ（に）ノ（の）」です。注意しましょう。

【49ページの答え】1. しょうりゃく
2. ①3cm ②5cm ③10cm 3. ①2cm ②5cm ③9cm

長さ 3

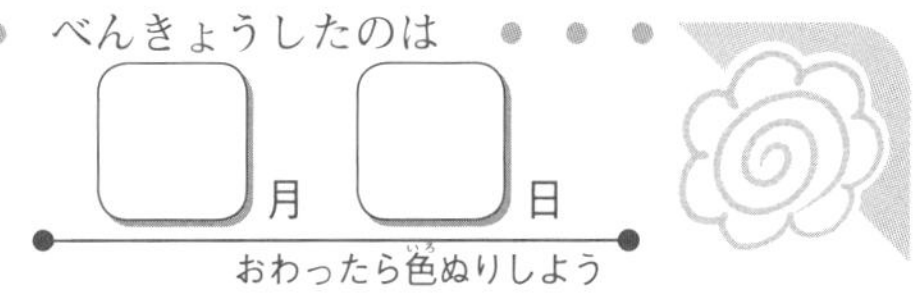

つぎの　長さを　よそうしましょう。下の　ひょうに　よそうを　書いてから　ものさしで　はかって　みましょう。

①

②

③

④

⑤

⑥

	①	②	③	④	⑤	⑥
よそう						
はかった						

おうちの方へ

長さは何度も測ることにより予想がつくようになります。特に、予想してから測ることをくり返すと長さの感覚がしっかり養われます。

【52ページの答え】①オムライス　②カナダ　③メロンパン　④マンボウ　⑤シンデレラ　⑥パソコン　⑦エベレスト　⑧ガアガア

かたかな 2

もの音・「゛」「゜」のつく音

つぎの ことばを かたかなで 書(か)きましょう。

べんきょうしたのは

☐ 月 ☐ 日

① オ（おむらいす）

③ メンパ（めろんぱん）

⑤ シ（しんでれら）

⑦ （えべれすと）

② ナ（かなだ）
カナダの はたです。

④ ボウ（まんぼう）

⑥ （ぱそこん）

⑧ ガ（があがあ）

おわったら
色ぬりしよう

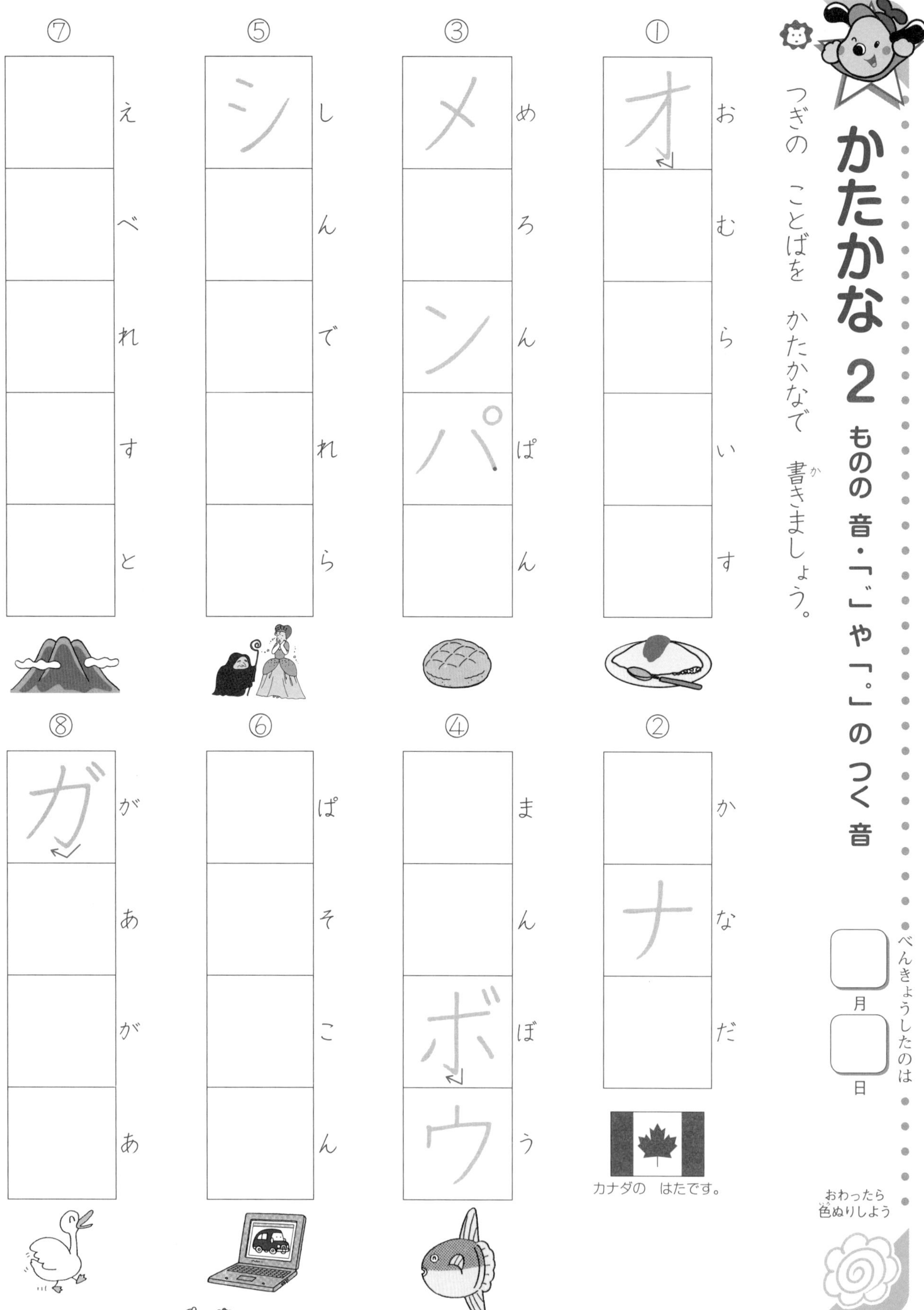

● おうちの方へ ●

かたかなで書くのは、次のような言葉です。①外国からきた言葉や品物、②外国の地名、人名、③動物、植物、④動物の鳴き声、⑤物音。かたかなは練習不足になりがちです。止め・はね・はらいも意識して書かせたいものです。

52

【51ページの答え】 ①1cm ②3cm ③7cm ④5cm ⑤8cm ⑥10cm

長(なが)さ 4

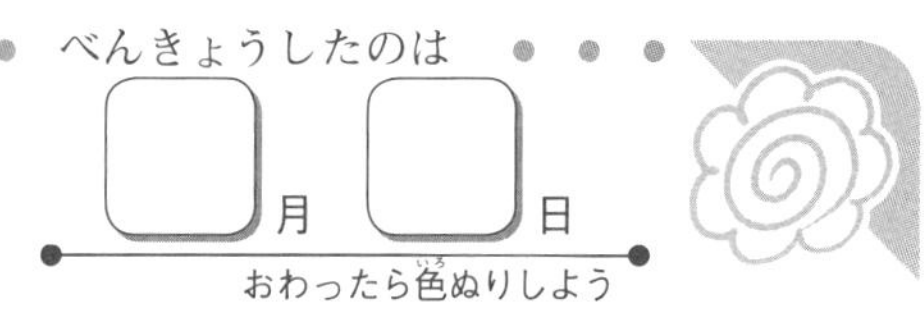

1cmを 同(おな)じ 長(なが)さに 10に 分(わ)けた 長(なが)さを
1ミリメートル(mm) と いいます。1mmも 長(なが)さの たんいです。

1cm → 1mm

1cm＝10mm

1. mmの 書(か)き方(かた)を れんしゅうしましょう。

1mm 1mm 1mm 1mm 1mm

1mm 1mm 1mm 1mm 1mm

2. つぎの 長(なが)さは 何(なん)ミリメートルでしょう。

① （　　　　）

② （　　　　）

③ （　　　　）

④ （　　　　）

おうちの方へ

ミリもメートルも同じ「m」です。2つがつながってしまったり、山が4つになったりします。書き方の練習をていねいにして、2. の問題でも単位のmmをきちんと書かせましょう。

【54ページの答(こた)え】①チュンチュン ②ラッコ ③ヨーグルト ④キャップ ⑤ティッシュ ⑥フォーク ⑦チョコレート ⑧ジーン

かたかな 3 つまる音・ねじれる音・のばす音

つぎの ことばを かたかなで 書きましょう。

① ちゅんちゅん（チ ュ）

② らっこ

③ よおぐると（ー）

④ きゃっぷ

⑤ ていっしゅ（ィ）

⑥ ふおおく（ォ ー）

⑦ ちょこれえと（ー）

⑧ しいつ（ー）

べんきょうしたのは　月　日

おわったら 色ぬりしよう

おうちの方へ

つまる音・ねじれる音（小さく書く字）は、□のように右上に書きます。このページでは、⑤が一番むずかしく、学校の授業では特にこのような表記は教えませんが、日常生活では必要です。小さく書く字が重なる言葉は、ほかに④や「ショック」「ジェット（機）」「ケチャップ」などがあります。

【53ページの答え】1. しょうりゃく
2. ①5mm ②2mm ③10mm ④15mm

長さ 5

1. つぎの　長さは　何ミリメートルでしょう。ものさしで　はかりましょう。

① ホウセンカの　たね

（　　　　）

② 算数の　教科書の　あつさ

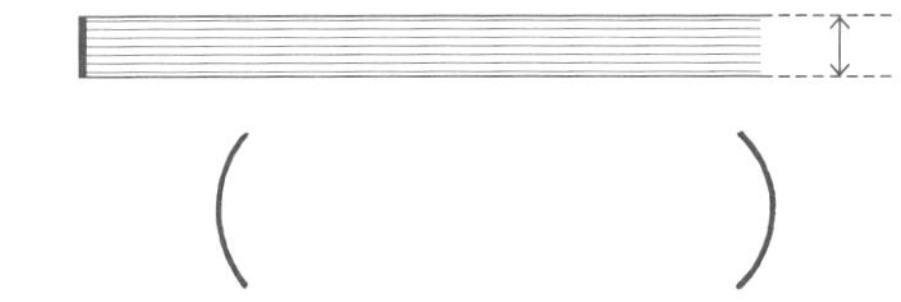

（　　　　）

③ マッチぼうの　太さ

（　　　　）

④ えんぴつの　太さ

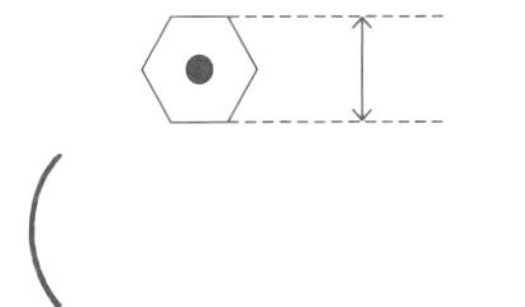

（　　　　）

2. スティックのりの　長さは　何cm何mmでしょう。

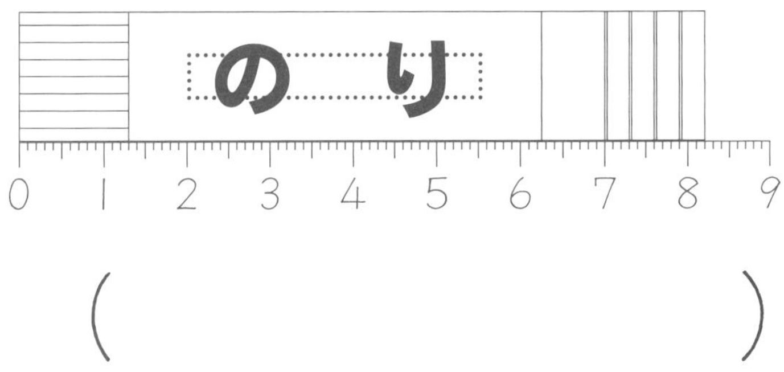

（　　　　）

3. つぎの　線の　長さは　何cm何mmでしょう。

①

（　　cm　　mm）

②

（　　cm　　mm）

③

（　　cm　　mm）

● おうちの方へ ●

mmの長さまで測るとき、ものさしの０が測るものの端ときちんと合っているか確かめさせましょう。０を合わせた後は、ものさしを動かさないよう注意させましょう。

【56ページの答え】①ワンワン・ニャーニャー（ニャーオ）　②チューリップ・ヒヤシンス　③バナナ・パイナップル
④ガラス・カーテン・プランター・ボール・テーブル（クロス）・コーヒー（カップ）・スプーンなどから二つ

かたかな 4

べんきょうしたのは　月　日

おわったら 色ぬりしよう

絵の 中から かたかなで 書く ことばを 二つずつ さがして、（　）に かたかなで 書きましょう。

① どうぶつの 鳴き声
（　　　）（　　　）

② 花
（　　　）（　　　）

③ くだもの
（　　　）（　　　）

④ そのほかの もの
（　　　）（　　　）

おうちの方へ

家の中や身の回りのものでかたかなで表すものはたくさんあります。探して言ってみたり、ノートに書いてみたりするのも楽しいですね。新聞の折り込み広告やレストランのメニューの中にもいっぱい使われていますね。

【55ページの答え】1. ①1mm ②4mm ③2mm ④7mm 2. 8cm 2mm
3. ①2cm 9mm ②3cm 5mm ③9cm 6mm

長さ 6

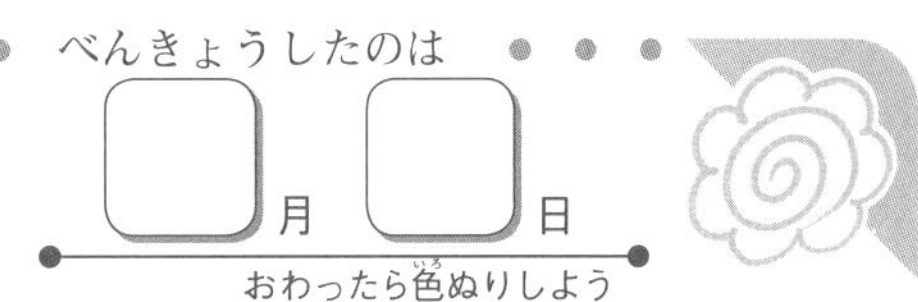

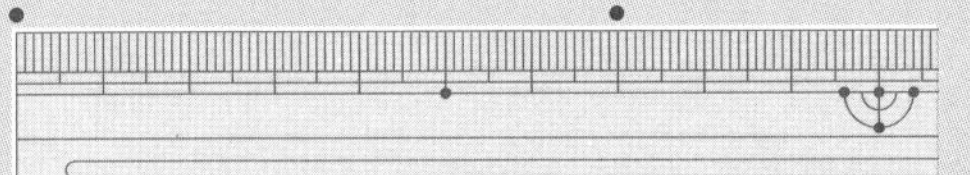

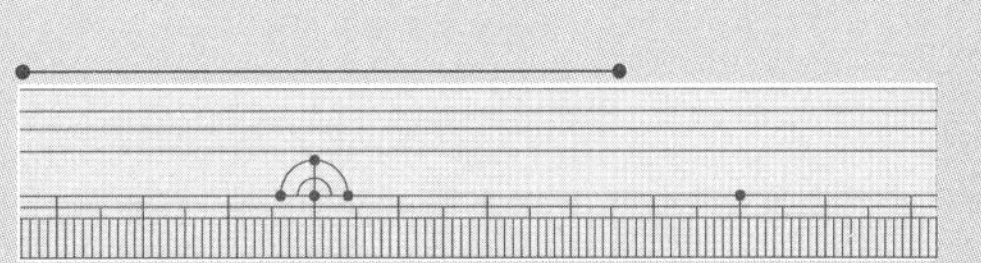

① はじめと 7cmの ところに 点を かく。

② 点と 点の 間に 線を 引く。

つぎの 長さの 直線を かきましょう。

① 4cm

② 6cm

③ 10cm

④ 5mm

⑤ 9mm

⑥ 13mm

⑦ 5cm 8mm

⑧ 7cm 4mm

⑨ 9cm 2mm

おうちの方へ

鉛筆をよく削って、始めと終わりがきちんとわかるようにていねいに線を引かせてください。ものさしをしっかり押さえることが正確に線を引くポイントです。

【58ページの答え】①話す＋おわる ②書く＋うつす ③歩く＋回る ④おう＋出す

組み合わせた ことば 1

べんきょうしたのは　　月　　日

〈れい〉の ように、はじめの ことばを もとの 二つの ことばに 分けましょう。

〈れい〉 とびおきる → とぶ ＋ おきる

① 話しおわる → □ ＋ □

② 書きうつす → □ ＋ □

③ 歩き回る → □ ＋ □

④ おい出す → □ ＋ □

おわったら 色ぬりしよう

おうちの方へ

日常の会話や文の中では、このような組み合わさった言葉（複合語）が数多くあります。□と□の中は、言い切りの形（終止形）の言葉になります。作文を書くときでも、「話すのがおわりました」を「話しおわりました」とするとすっきりした文になります。語彙力（どれだけ言葉を知っているか）をつけるうえでも役立ちますね。

1000までの 数 1

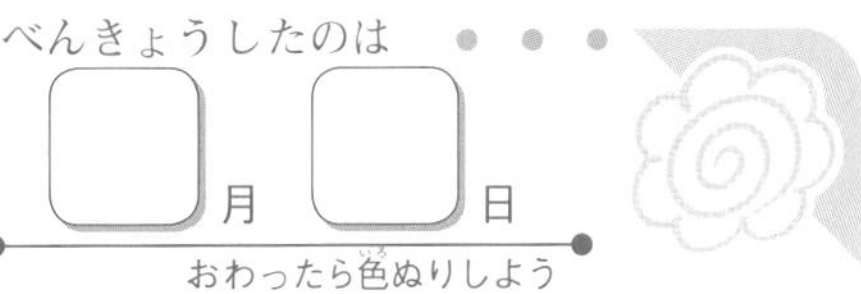

10こずつ ○で かこんで 数えましょう。

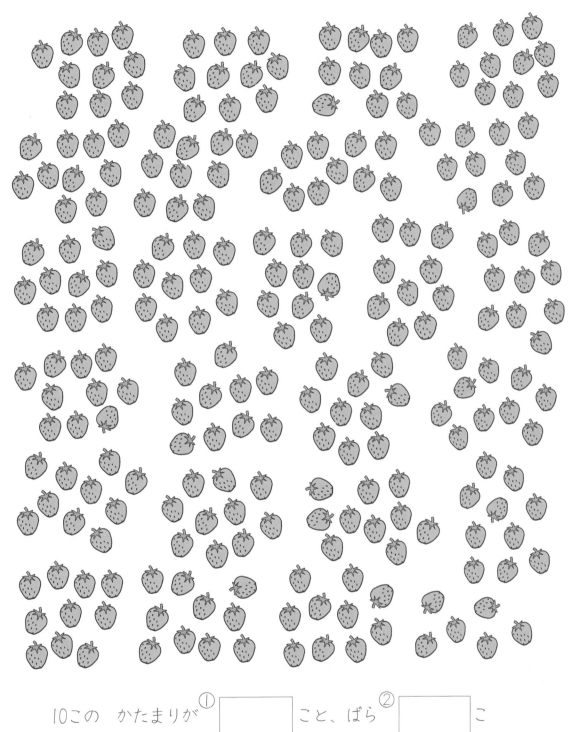

10この かたまりが ①[　　] こと、ばら ②[　　] こ

おうちの方へ

10ずつかためています。1個ずつ✓をしながら、10個になったら⬭で囲むようにし、とばしたり、重なったりしないように数えさせましょう。

【60ページの答え】①切りとる ②なきさけぶ ③走り出す ④食べはじめる ⑤おき上がる ⑥かけよる ⑦見上げる ⑧ねつづける

組み合わせた ことば 2

〈れい〉の ように、二つの ことばを 組み合わせて、一つの ことばを 作りましょう。

べんきょうしたのは □月 □日

〈れい〉つる ＋ 下げる → （つり下げる）

① 切る＋とる（　　　）

② なく＋さけぶ（　　　）

③ 走る＋出す（　　　）

④ 食べる＋はじめる（　　　）

⑤ おきる＋上がる（　　　）

⑥ かける＋よる（　　　）

⑦ 見る＋上げる（　　　）

⑧ ねる＋つづける（　　　）

おわったら 色ぬりしよう

おうちの方へ

①〜③は上の言葉のつなぎ目の音が変わる複合語です。④〜⑧は少しむずかしいかもしれませんが、つなぎ目の音が一音省略される形です。⑧なら「ねりつづける」としてしまえば、「練り続ける」というまったく別の言葉となってしまいます。複合語を教科書の文から探してみるのも、よい勉強になります。

【59ページの答え】①24 ②6

ナゾトキ☆クエスト　まよいの森 へん

ステージ 4

あれが　はかせの
おうちね。
ありがとう！

そうして　ぶじに
はかせに
大きくなる
きかいで
もとの　すがたに
もどして　もらった
レイナでした…
はかせーっ！
一週間後…
あら！
虫さんから
お手紙が
とどいたわ！

クイズに　なってるわ。だれが　くれた　お手紙かしら？

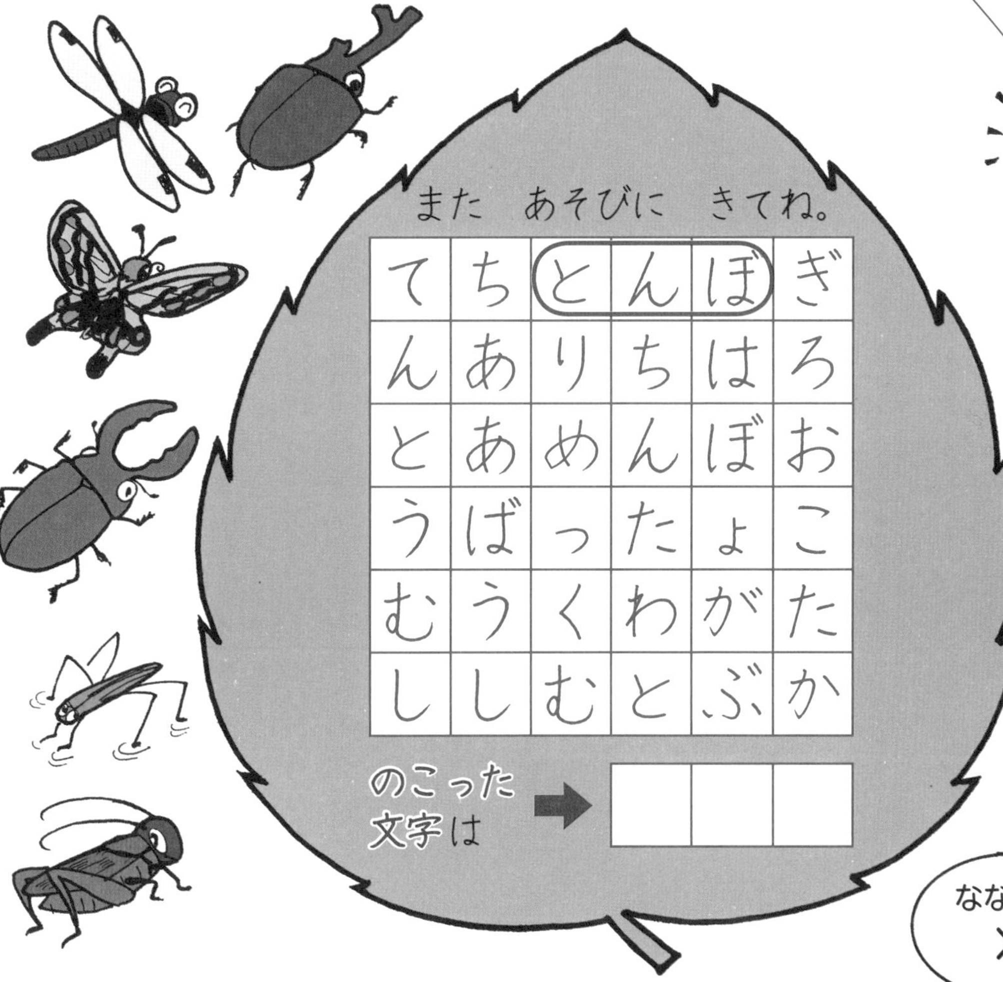

また　あそびに　きてね。
て ち と ん ぼ ぎ
ん あ り ち は ろ
と あ め ん ぼ お
う ば っ た ょ こ
む う く わ が た
し し む と ぶ か
のこった
文字は

虫の　名前を
さがして　◯で
かこんでね。
のこった　文字を
上から　読むと
だれの　名前に
なるかな？

ななめは
×

上下左右を
読んでね。

75ページ　につづく。

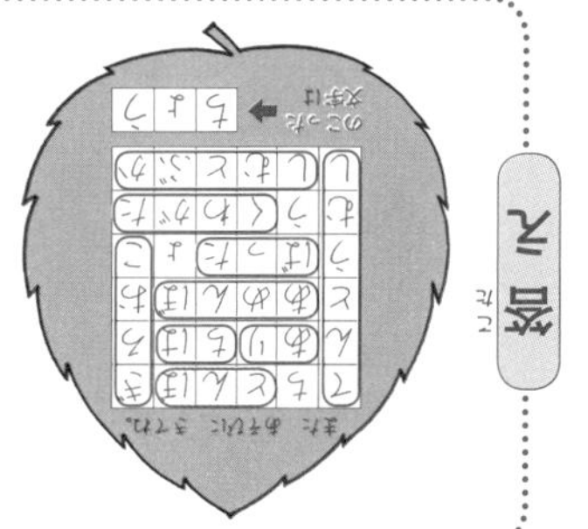

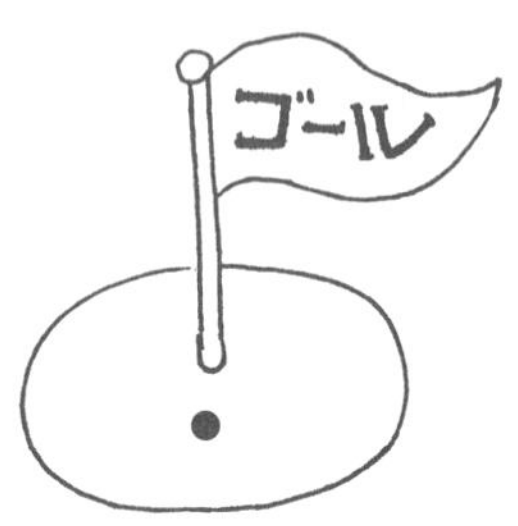

●ものさしで　はかって、ちょうど　5㎝の　点(てん)へ　すすみ、ゴールを　めざしましょう。

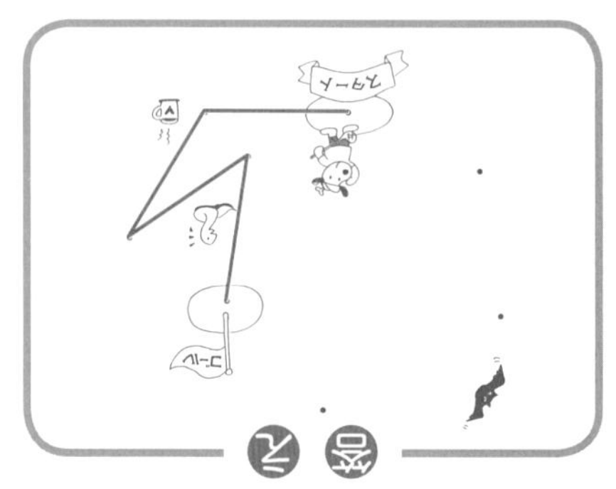

1000までの 数(かず) 2

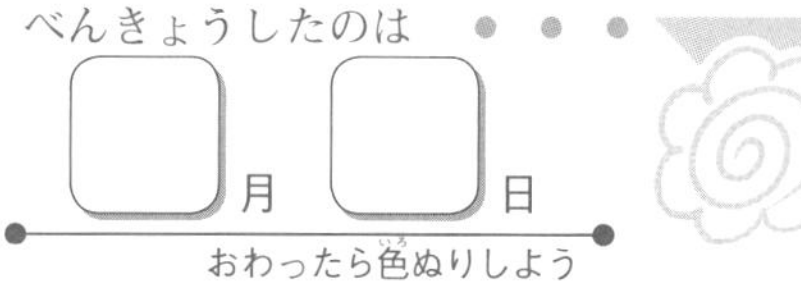

59ページでは、10この　かたまりが　24こ　ありましたね。
10この　かたまり　10こで、100の　かたまりが　1つ　できます。

百のくらい	十のくらい	一のくらい
2	4	6

百が　2こで　二百、十が　4こで　四十、一が　6こで　六。
ぜんぶで　**二百四十六（246）**です。

いくつでしょう。

①

百のくらい	十のくらい	一のくらい

（　　　　　）

②

百のくらい	十のくらい	一のくらい

（　　　　　）

おうちの方へ

1が10集まって十の位に、10が10集まって百の位になります。このように、10のかたまりごとに次の位になる10進位取り記数法で3けたになりました。大人には当たり前のことでも、子どもたちには初めての出会いです。位に気をつけて考えさせてください。

【64ページの答(こた)え】①遠足。　②鳴いて　いる。
③たのまれました。・行きました。・つきました。　④公園を。

丸(。)・点(、)・かぎ(「」) 1 丸(。)を つける

べんきょうしたのは　月　日

つぎの 文に 丸(。)を つけましょう。

① きょうは たのしい 遠足

② おや、こんな ところで 子ねこが 鳴いて いる

③ おつかいを たのまれました いそいで お店に 行きました
しかし、さいふを わすれた ことに 気が つきました

④ ぼくは 思い切り 走った、広い 広い 公園を

おわったら
色ぬりしよう

おうちの方へ

丸（句点）（。）や点（、）、かぎ（「　」）があると、文章が読みやすくなります。①は「です」が省かれている文（体言止め）、④は文章の順番が入れかわっている文（倒置法）です。「、」や「。」の打ち方によって、かなり文のイメージが変わってきます。作文の中でも「、」や「。」が上手に使えるとよいですね。

【63ページの答え】①423　②335

1000までの 数 3

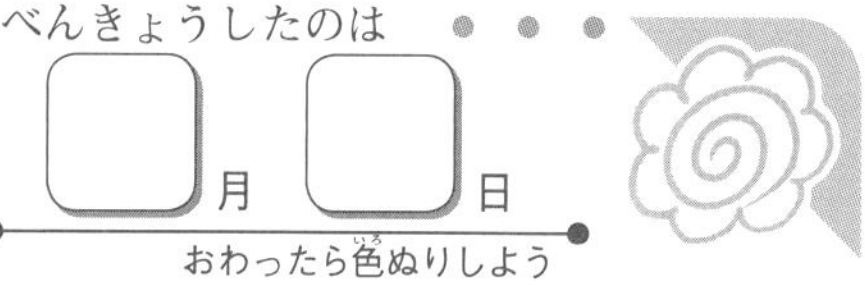

1. いくつでしょう。数字で 書きましょう。

①

百のくらい	十のくらい	一のくらい
4	7	3

（　　　　）

②

百のくらい	十のくらい	一のくらい
8	2	6

（　　　　）

2. 数を 声に 出して 読みましょう。

① 217　② 849　③ 523　④ 666

3. 数字で 書きましょう。

① 四百七十六　② 二百三十九　③ 八百五十五

（　　　　）（　　　　）（　　　　）

4. いくつでしょう。数字で 書きましょう。

① 100を 6こ、10を 9こ、1を 2こ 合わせた 数

（　　　　）

② 100を 7こ、10を 4こ、1を 3こ 合わせた 数

（　　　　）

③ 100を 1こ、10を 5こ、1を 8こ 合わせた 数

（　　　　）

おうちの方へ

数字を3つ並べるだけですが、**1.** ～**4.** のどれも位取りが大切です。百（ヒャク）を発音しにくい子がいますが、ゆっくり正しく発音させましょう。

【66ページの答え】 ①㋐ここで、はきものをぬいでください。　㋑ここでは、きものをぬいでください。
②㋐ぼくは、いしゃになりたい。　㋑ぼく、はいしゃになりたい。

丸（。）・点（、）・かぎ（「」）2
点（、）を うつ ①

べんきょうしたのは　月　日

つぎの 文に 点（、）を 一つ うって、㋐や ㋑の いみの 文に しましょう。

① ここではきものをぬいでください。

㋐ ぬぐのは「はきもの」。（　　）

㋑ ぬぐのは「きもの」。（　　）

② ぼくはいしゃになりたい。

㋐ なりたいのは「いしゃ」。（　　）

㋑ なりたいのは「はいしゃ」。（　　）

点（、）を うつ ところが ちがうと、文の いみが ぜんぜん ちがって くるね。

おわったら色ぬりしよう

● おうちの方へ ●

点（、）は読点（とうてん）と言い、文の中の切れ目に打ちます。一般に文章の中では、「、」の場所によって筆者の強調したい所が変わってくることがよく見受けられます。上の問題でわかりにくいときは、①㋐なら「はきもの」を□で囲み、□のすぐ上に点（、）を打ちます。

【65ページの答え】1．①473 ②826 2．しょうりゃく 3．①476 ②239 ③855 4．①692 ②743 ③158

1000までの 数(かず) 4

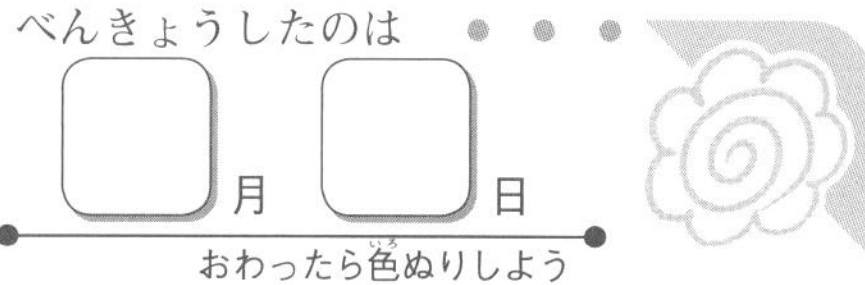

1. いくつでしょう。数字(すうじ)で 書(か)きましょう。

百のくらい	十のくらい	一のくらい
2	0	4

(　　　　　)

・**百のくらい**が 2こで **二百**。
・**十のくらい**は ありません。
・**一のくらい**は 4こで **四**。
ぜんぶで **二百四**です。数字(すうじ)で 書(か)くときは、十のくらいに 0を書(か)きます。

2. いくつでしょう。数字(すうじ)で 書(か)きましょう。

①
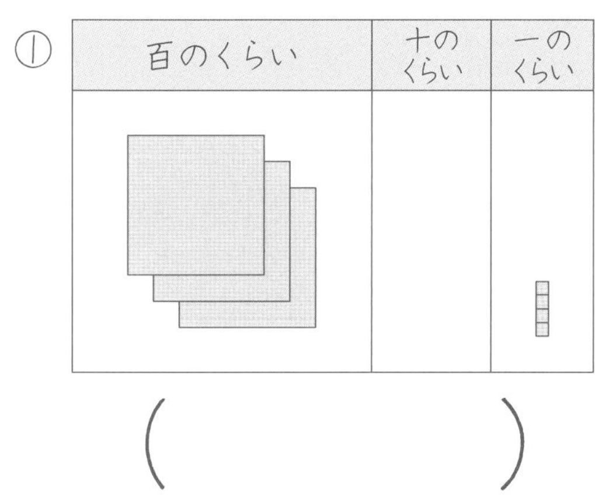

(　　　　　)

②
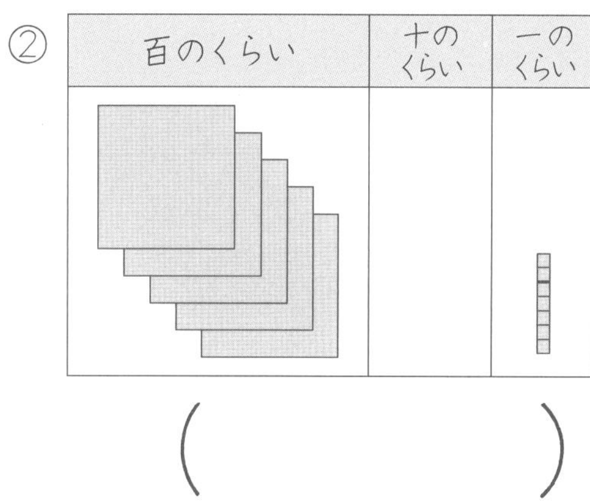

(　　　　　)

③
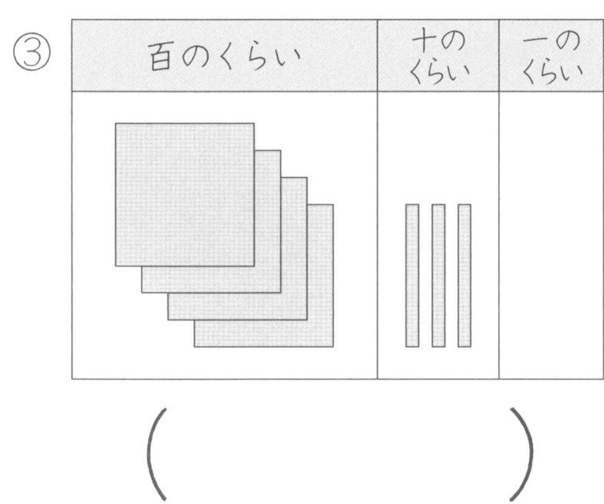

(　　　　　)

④
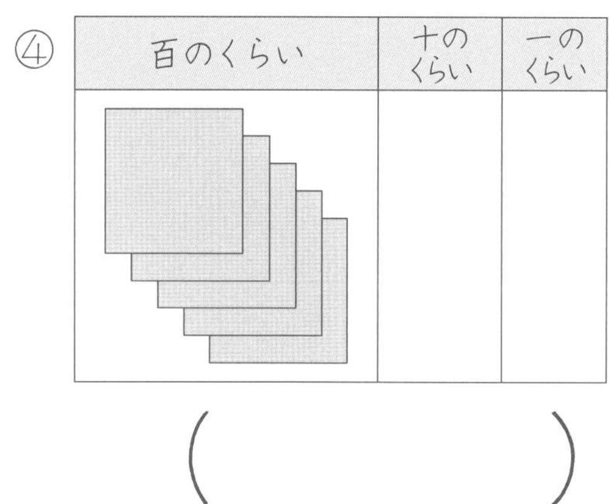

(　　　　　)

おうちの方へ

十の位や一の位が0の場合を数で表す問題です。空白の位は0を書いて表さなければ、304が34になったり、430が43になったりします。空白の位を0で表すことを理解しておかないと、筆算でつまずきます。

【68ページの答(こた)え】①㋐兄はなきながら、走って行く弟をおいかけた。 ㋑兄は、なきながら走って行く弟をおいかけた。
②㋐ぼくは、父と母のプレゼントを買いに行った。 ㋑ぼくは父と、母のプレゼントを買いに行った。
③㋐自てん車がこわれて、止まっている車にぶつかった。 ㋑自てん車が、こわれて止まっている車にぶつかった。

丸（。）・点（、）・かぎ（「」）3
点（、）をうつ②

べんきょうしたのは　□月　□日

つぎの 文に 点（、）を 一つ うって、㋐や ㋑の いみの 文に しましょう。

① 兄は なきながら 走って 行く 弟を おいかけた。

㋐ 兄が ないて いる。（　　）

㋑ 弟が ないて いる。（　　）

② ぼくは 父と 母の プレゼントを 買いに 行った。

㋐ ぼく 一人で 行った。（　　）

㋑ 父と 二人で 行った。（　　）

③ 自てん車が こわれて 止まって いる 車に ぶつかった。

㋐ 自てん車が こわれて いる。（　　）

㋑ 車が こわれて いる。（　　）

おわったら 色ぬりしよう

おうちの方へ

わかりにくいときは問題文に点（、）を打ち、「、」で切ってゆっくり音読してみて、㋐㋑のどちらに当てはまるか考えてみましょう。

【67ページの答え】1．204　2．①304　②507　③430　④500

1000までの 数 5

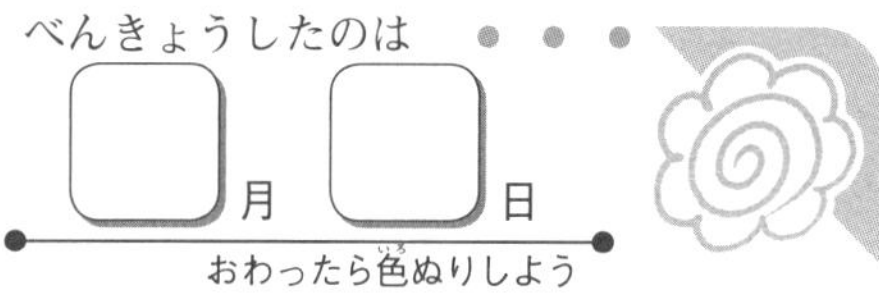

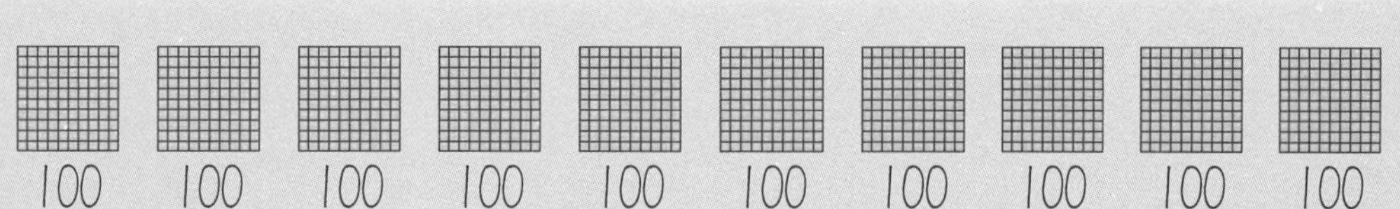

100 100 100 100 100 100 100 100 100 100

百を10こ あつめた 数を 千（1000）と いいます。
999の つぎの 数が 1000です。

1. 下の 数の 直線の □に 数を 入れましょう。

①

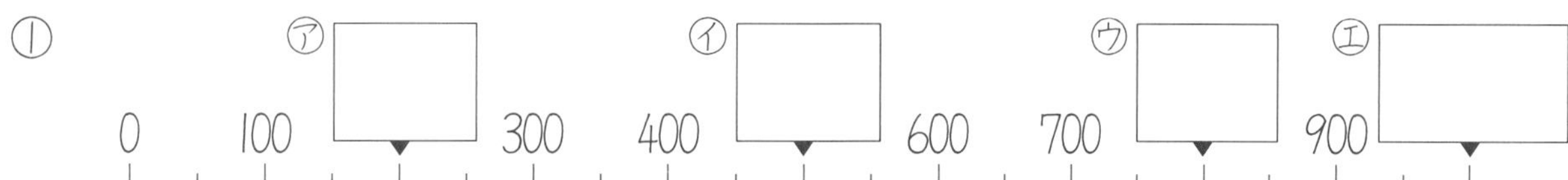

②

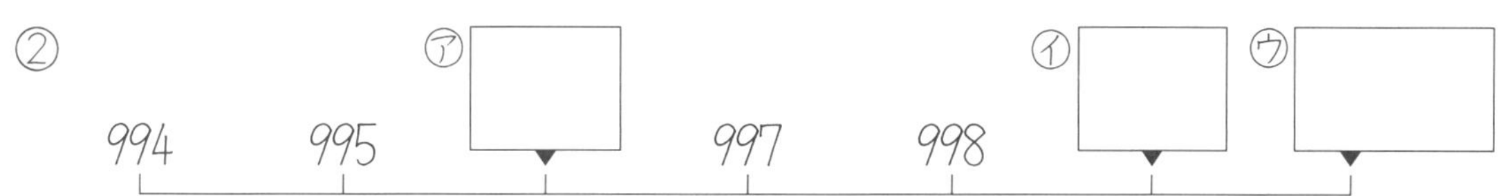

2. あと いくつで 1000に なるでしょう。

① 990 （　　　　）　② 999 （　　　　）

3. つぎの 数を 書きましょう。

① 800より、200 大きい 数 （　　　　）

② 1000より、100 小さい 数 （　　　　）

おうちの方へ

1000がどんな大きさかをつかむ学習です。１つずつ数えるのはとても大変です。ちなみに、ごはん１ぜんには２千つぶ以上の米つぶがあります。

丸(。)・点(、)・かぎ(「」) 4

。、「」をつかって 文を 書く

べんきょうしたのは　月　日

左の 文を、丸(。)・点(、)・かぎ(「」)に 気を つけて、書きうつしましょう。

　夕食のとき、お母さんが、
「あすは、いいお天気らし
　いから、おべん当をもっ
　て公園に行こうね。」
と言いました。わたしは、
わくわくしながらねました。

おわったら色ぬりしよう

● おうちの方へ ●

丸（。）・点（、）・かぎ（「 」）はそれぞれ１マスに書きます。会話文は行を改め、会話文のはじめの「 は、一番上のマスに書きます。会話文は２行目以降は、２マス目から書きます。「丸・かぎ」は合わせて１マスに書きます。文の切れ目や末尾の字が一番下のマスにきたときは、一番下のマスに点（、）や丸（。）、かぎ（ 」）を一緒に書きます。

【69ページの答え】１．①㋐200　㋑500　㋒800　㋓1000　②㋐996　㋑999　㋒1000
２．①10　②1　３．①1000　②900

1000までの 数 6

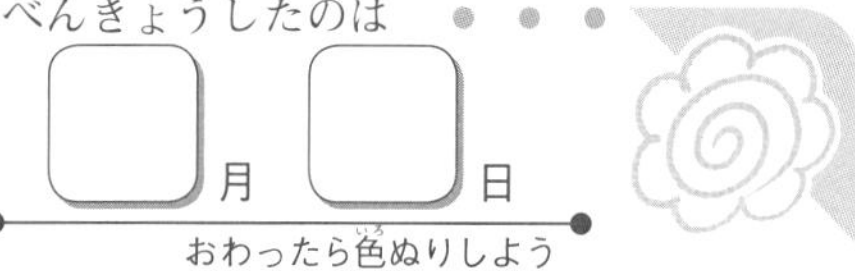

1. 数字で 書きましょう。

① 五百三 (　　　)　② 七百八十 (　　　)　③ 六百 (　　　)

2. いくつでしょう。数字で 書きましょう。

① 100を 8こ、1を 4こ 合わせた 数 (　　　)

② 100を 9こ 合わせた 数 (　　　)

3. いくつでしょう。数字で 書きましょう。

① 10を 54こ あつめた 数 (　　　)

② 10を 70こ あつめた 数 (　　　)

4. □の 中に 数を 書きましょう。

① 350は、10を □ こ あつめた 数です。

② 720は、10を □ こ あつめた 数です。

③ 840は、10を □ こ あつめた 数です。

おうちの方へ

1．2．は、途中や最後の0をとばさないように、3．4．は、10をもとにして考えさせます。

【72ページの答え】①ア ②イ ③ア ④ア ⑤ア ⑥イ ⑦ア ⑧イ ⑨イ ⑩イ ⑪ア

かなづかい 1

ことばの 中の かなづかい

正しい 方(ほう)に ○を つけましょう。

べんきょうしたのは　□月　□日

①
㋐（　）おうさま
㋑（　）おおさま

②
㋐（　）おとおと
㋑（　）おとうと

③
㋐（　）つづく
㋑（　）つずく

④
㋐（　）こおり
㋑（　）こうり

⑤
㋐（　）おねえさん
㋑（　）おねいさん

⑥
㋐（　）かたずける
㋑（　）かたづける

⑦
㋐（　）とおく
㋑（　）とうく

⑧
㋐（　）つまづく
㋑（　）つまずく
（足の 先が 何(なに)かに 当(あ)たり、ころびそうに なること。）

⑨
㋐（　）こんばんわ
㋑（　）こんばんは

⑩
㋐（　）とうる
㋑（　）とおる

⑪
㋐（　）ちぢむ
㋑（　）ちじむ

おわったら 色(いろ)ぬりしよう

● おうちの方へ ●

まちがいやすいかなづかいを集めました。「お」の使い方は「とおくの　おおきな　こおりの　上を　おおくの　おおかみ　とおずつ　とおった」と覚えると楽しいです。二つの言葉が合わさって後の音がにごるものには、「かた＋つける→かたづける」「みっか＋つき→みかづき」などがあります。「こんにちは」は、「今日は、～ですね」というあいさつの省略形です。

【71ページの答(こた)え】1．①503　②780　③600　2．①804　②900　3．①540　②700
4．①35　②72　③84

大きな 数（かず）

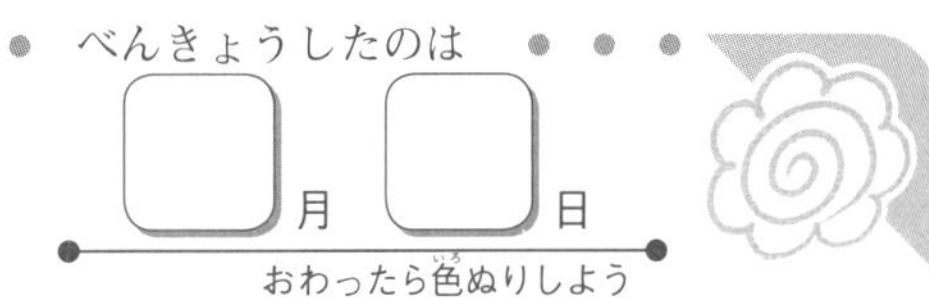

▫（1）が　10こ　あつまると　▯（10）、▯が　10こ　あつまると　▦（100）です。

▦が　10こ　あつまると　▮（1000）に　なります。

いくつでしょう。

① つぎの　数（かず）は　いくつでしょう。

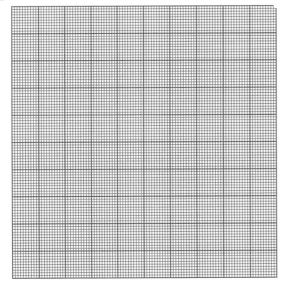

（　　　　　　）

② ①の　数（かず）に　▫（1）を　たすと、10000（1万（まん））に　なります。

9999＋1＝（　　　　　）

③ 1000が　10こ　あつまると　（　　　　　）に　なります。

おうちの方へ

全部でいくつあるか調べるのに、▫を1つずつ数えていこうとすると気が遠くなりそうですね。でも10倍ずつ数えていくと簡単です。２年生では１万までの数を勉強します。１万をこえる数は３年生で勉強します。

【74ページの答え】①は・へ　②は・を　③は・を　④は・を・へ　⑤を（は）・へ・は

かなづかい ２ つなぎの かな

□に 合う 字を、下の □から えらんで 書きましょう。

① わたし□、いえ□ 帰った。

② ぼく□、ごはん□ 食べた。

③ お姉さん□、おかし□ 分けて くれました。

④ お兄さん□、犬□ 広場□ つれて 行く。

⑤ 七夕の かざり□ 外□ 出そうよ、雨□ 上がったよ。

を　わ　へ　う　は　お　え

同じ 字を 何回も つかうよ。つかわない 字も あるね。

べんきょうしたのは　月　日

おわったら 色ぬりしよう

● おうちの方へ ●

本をくり返し音読したり、たくさん読書をしたりするほど、かなづかいの力は自然に身につきやすくなります。簡単でも日記を書いていくと、それをいっそう確かなものにしていきます。まちがって使っていたら、そのたびに何度でも優しく教えて直させましょう。

【73ページの答え】①9999 ②10000 ③10000

ナゾトキ☆クエスト ドラキュラ へん

ボーナスステージ

さんぽしていたら
とつぜん　ドラキュラに
おそわれて
しまった！！

それぞれの　へやには、体(からだ)の　いちぶを　つかった　文が　書(か)いて　あるぞ。
□に　入る　正しい　ことばを　えらんで、ドラキュラから　にげだそう。

89ページから　さんすうだよ。

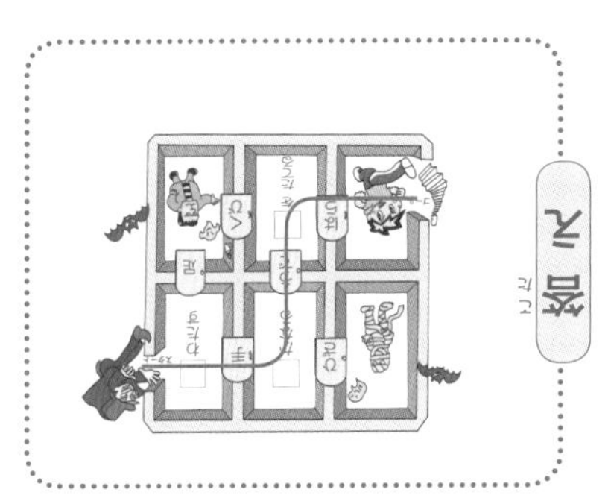

●かくれて　いる　数字(すうじ)を　あてましょう。

①

$$\begin{array}{r} 2\ 3 \\ +\ \heartsuit\ 5 \\ \hline 5\ 8 \end{array}$$

②

$$\begin{array}{r} 4\ 7 \\ +\ 1\ \clubsuit \\ \hline 6\ 2 \end{array}$$

③

$$\begin{array}{r} 8\ \diamondsuit \\ -\ 2\ 3 \\ \hline 6\ 3 \end{array}$$

④

$$\begin{array}{r} 3\ 5 \\ -\ \spadesuit\ 7 \\ \hline 1\ 8 \end{array}$$

答(こた)え

①3　②5

③6　④1

かさ 1

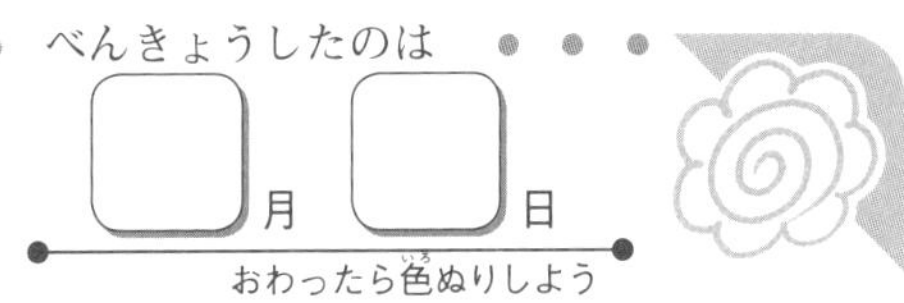

かさが 多い(おお)のは どちらでしょう。多い(おお)方(ほう)に ○を しましょう。

① ㋑に 水を いっぱい 入れて、㋐に 入れかえました。

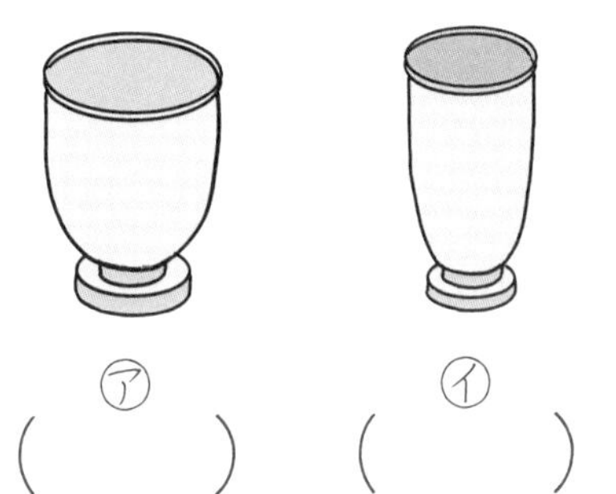

㋐（　　）　㋑（　　）

② ㋐と ㋑に 水を いっぱい 入れて、同じ(おな) 大きさの 入れものに 入れかえました。

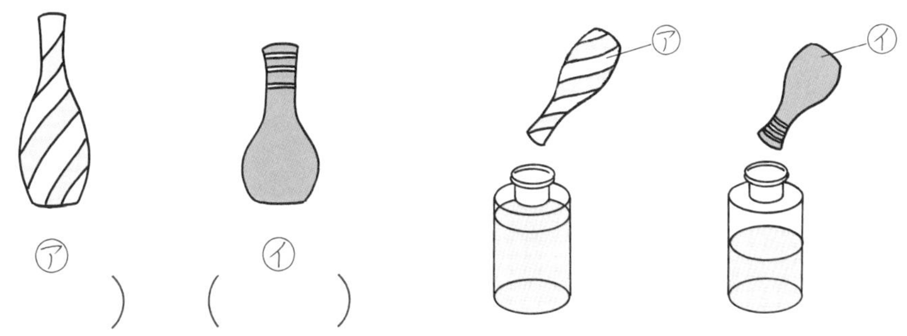

㋐（　　）　㋑（　　）

③ ㋐と ㋑に 水を いっぱい 入れて、同じ(おな) 大きさの 入れものに 入れかえました。

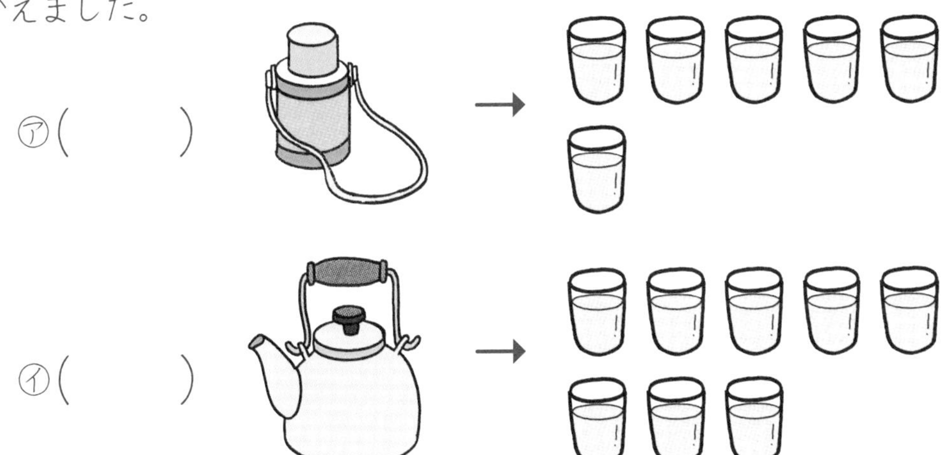

㋐（　　）

㋑（　　）

●おうちの方へ●

「かさ」は、見ただけでは多さがわかりにくいので、むずかしい単元の一つです。実際に入れ物を使って水の量を比べると、「かさ」について感覚的に理解できるようになってきます。

【78ページの答え】①おとうとは えんそくで 山へ 行った。②おばあさんは、おやつを 作って くれた。③わたしは えきへ お母さんを むかえに 行った。④おねえさんは、ねこを だいている。⑤とおくから おおごえで 「こんにちは」と 言った。

かなづかい 3 まとめ

べんきょうしたのは　月　日

まちがって いる 字に ×を つけて、よこに 正しく 書き直しましょう。（　）に まちがいの 数が 書いて あります。

① おとおとは へんそくで 山え 行った。（3こ）

② をばあさんわ、をやつお 作って くれた。（4こ）

③ はたしわ、へきえ、お母さんお むかへに 行った。（6こ）

④ おねいさんわ、ねこお だいて いる。（3こ）

⑤ とうくから おうごえで 「こんにちわ」と 言った。（3こ）

おわったら
色ぬりしよう

● おうちの方へ ●

文の中で、どこがまちがっているのか探すのはむずかしいものです。見落としがないか、書き直した文を読み返してみましょう。終わったら必ず見直す習慣は、どんな勉強でも大切ですね。

【77ページの答え】①ア　②ア　③イ

かさ 2

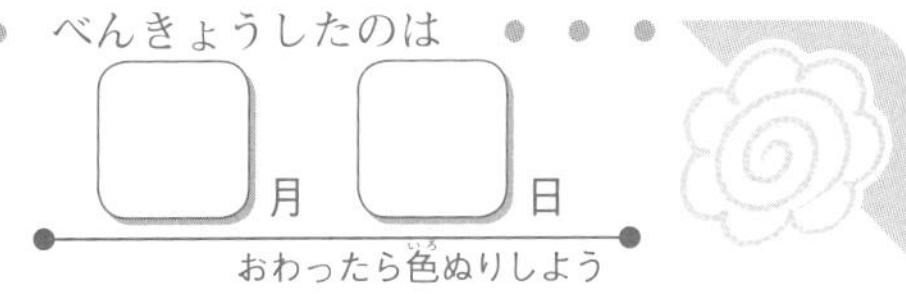

バケツに 入る 水の かさを はかる ときには、１リットルますを つかいます。大きい 牛にゅうパックにも １リットル入りの ものが あります。

１リットルは １Lと 書きます。

Lの 書き方を ていねいに れんしゅうしましょう。

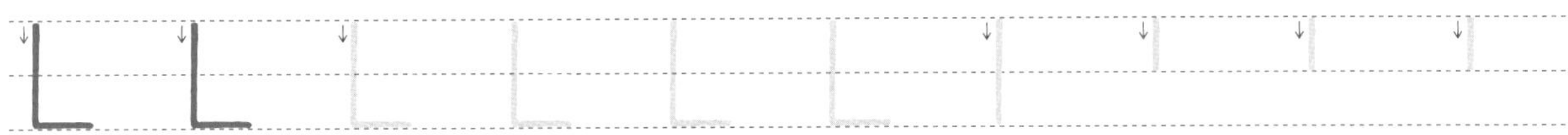

㋐の バケツは、１Lますで ４つ分の 水が 入っていました。
これを 4L（リットル）と いいます。

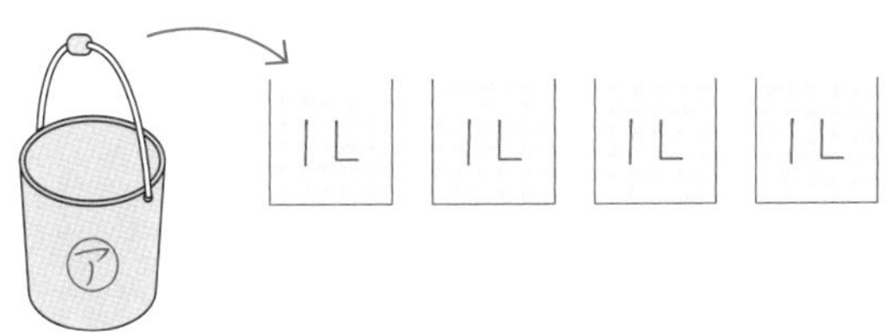

㋑の バケツには、水は 何L入りますか。

（　　　）

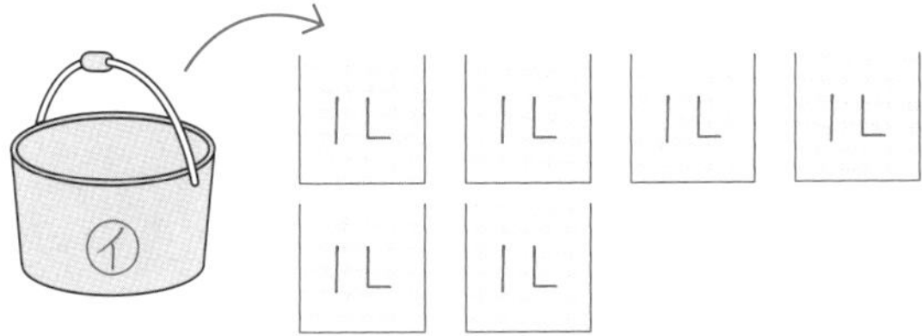

つぎの 文を なぞりましょう。

L（リットル）は、かさの たんいです。

● おうちの方へ ●

「リットル」という言い方と、「L」の書き方に十分慣れさせましょう。

【80ページの答え】①ねむっている。
②カエルは、さむさに弱い・あたたかい土の中にいないとしんでしまうから。
③日当たりのよい あたたかい

読みとりもんだい 1

べんきょうしたのは　□月　□日

おわったら色ぬりしよう

カエル (1)

冬の 間、カエルは 土の 中で ねむって います。

カエルは、さむさに 弱いので、あたたかい 土の 中に いないと しんで しまうからです。

春に なると、かえるは 目を さまし、土の 中から 出て きます。そして、めすの カエルは、日当たりの よい、あたたかい 水の 中に たまごを うみます。

上の 文しょうを 読んで、つぎの もんだいに 答えましょう。

① 冬の 間、カエルは 土の 中で 何を して いますか。

（　　　　いる。）

② なぜ、カエルは 冬の 間、土の 中で すごすのですか。

（カエルは、　　　　）ので、

（　　　　から。）

③ どんな ところに たまごを うみますか。

（　　　　）、（　　　　）水の 中。

● おうちの方へ ●

読み取り問題を解く力（読解力）の初めの一歩は、問題文の中から、答えに当たる部分を忠実に抜き書きすることです。「なぜ」と問われたら、「〜から」と答えます。答えに当たる部分（抜き書きする部分）に線を引かせてから書き抜くと、わかりやすいですね。

【79ページの答え】79

かさ 3

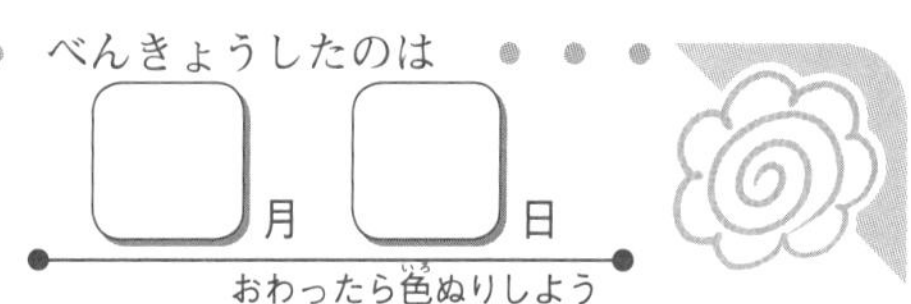

やかんの　水の　りょうを　はかったら、下のように　なりました。

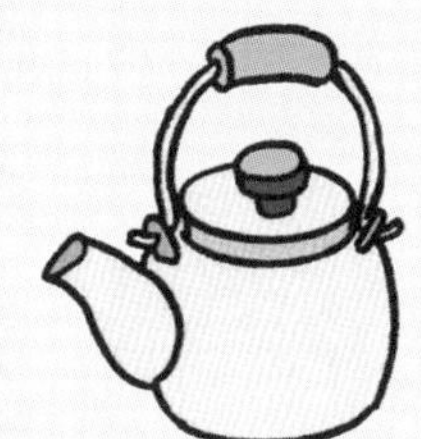

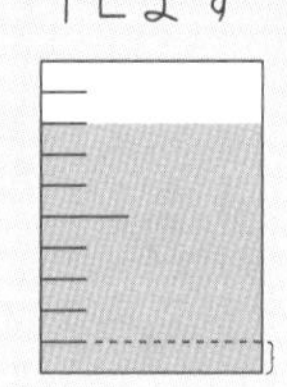

1Lを　10こに　分けた1つ分を　1デシリットルといい、1dLと　書きます。

やかんの　水は　8つ目の　めもりまでなので、8dLです。

dLの　書き方を　れんしゅうしましょう。

1. 1Lますに、1dLますで　水が　何ばい　入るか　しらべました。1Lは何dLでしょう。

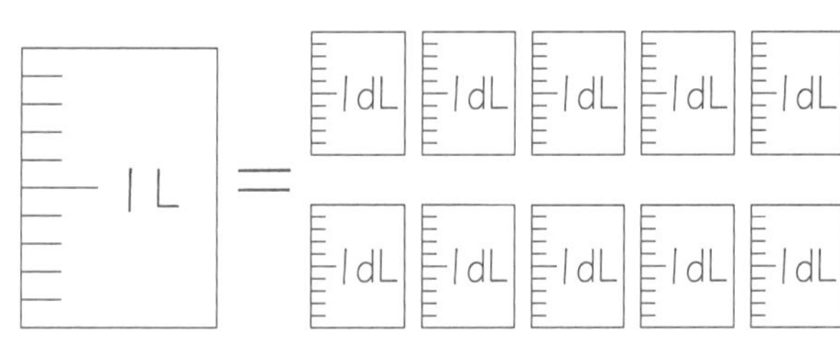

1L＝

2. つぎの　かさは、何L何dLでしょう。

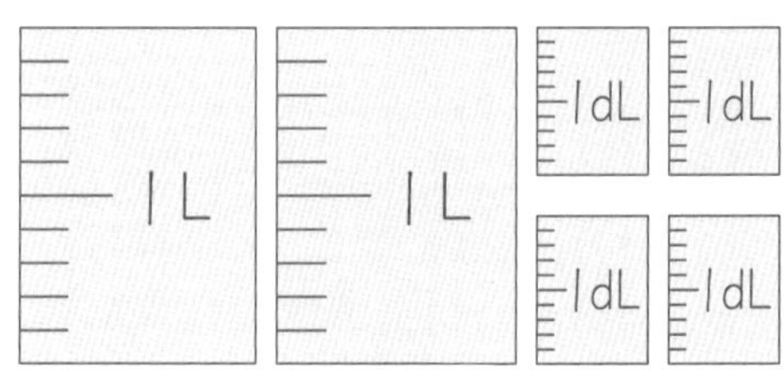

（　　L　　dL）

●おうちの方へ●

今度はdLの単位です。dLの単位は生活の中ではあまり使われませんが、1L＝10dLの関係はしっかりつかませておきましょう。

【82ページの答え】①ハエ、カ、トンボ、カタツムリなどの小さな生きもの
②・土の上をとびはねて(はねたりして)　・水の中をおよいで(およいだりして)
③大いそぎで土にもぐりこみます。(「そして～」はまちがい)

読みとりもんだい 2

べんきょうしたのは　月　日

おわったら 色ぬりしよう

カエル ⑵

春から 夏の 間、カエルは、ハエ、カ、トンボ、カタツムリなどの 小さな 生きものを とって 食べます。そして、土の 上を とびはねたり、水の 中を およいだりして、元気に くらします。

冬が 近づくと、カエルは 大いそぎで 土に もぐりこみます。そして、土の ぬくもりと しめり気に まもられて、また 春が くるまで ぐっすりと ねむるのです。

上の 文しょうを 読んで、つぎの もんだいに 答えましょう。

① カエルは、どんな ものを とって 食べますか。

（　　　　などの　　　　）

② カエルは、春から 夏の 間、どのように くらして いますか。二つ 書きましょう。

（・　　　　いる。）

（・　　　　いる。）

③ 冬が 近づくと、カエルは どうしますか。

（　　　　ます。）

● おうちの方へ ●

カエルの食べ物は生きている虫などです。死んだものは食べません。カエルは変温動物で体温調節ができず、また乾燥に弱いため、土中で冬眠をします。ここでは、②の答え方に注意が必要です。一文を二つに分けて答えます。「そして」でつながっているので、「土の上～くらします。」も春から夏の間のことです。

【81ページの答え】1. 10dL　2. 2L 4dL

かさ 4

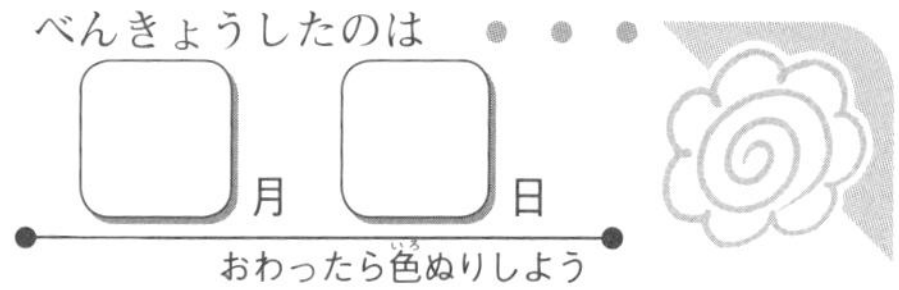

1. 1L 5dLの　お茶と　2dLの　お茶が　あります。

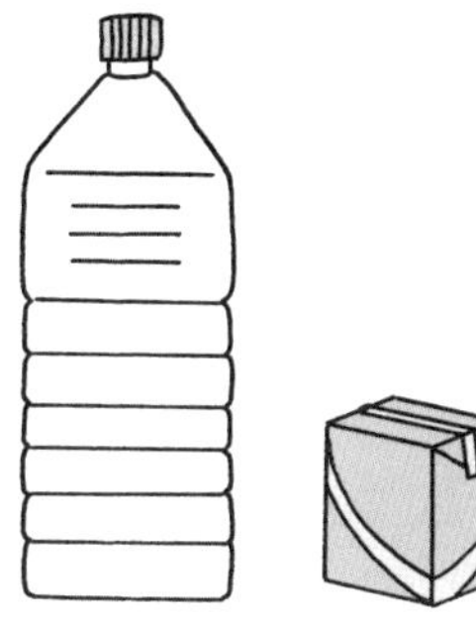

① 合わせると　何L何dLに　なるでしょう。

しき

答え ＿＿＿＿＿＿＿＿

② ちがいは、どれだけでしょう。

しき

答え ＿＿＿＿＿＿＿＿

2. つぎの　計算を　しましょう。

①
```
  3L 5dL
+ 4L 1dL
--------
```

②
```
  4L 8dL
- 2L 3dL
--------
```

③ 4L＋1L 3dL＝

④ 3L 2dL＋5dL＝

⑤ 5L 7dL－4L＝

⑥ 3L 6dL－3dL＝

おうちの方へ

単位に気をつけて、同じ単位どうしを計算することがポイントです。くり上がりやくり下がりはありません。

【84ページの答え】①しか、いのしし、うさぎ、かめ、いたち、たぬき　②赤いろうそく
③花火、または　赤いろうそく

読みとりもんだい 3

べんきょうしたのは　月　日

おわったら色ぬりしよう

赤い　ろうそく　(1)

（りゃく）花火などと　いうものは、しかにしても　いのししに　しても　うさぎに　しても、かめに　しても、いたちに　しても、たぬきに　しても、まだ　一ども　見た　ことが　ありません。その　花火を　さるが　ひろって　きたと　いうのであります。

「ほう、すばらしい。」

「これは、すてきな　ものだ。」

しかや　いのししや　うさぎや　かめや　いたちや　たぬきや　きつねが　おし合いへし合い　して　赤い　ろうそくを　のぞきました。すると　さるが、

「あぶない　あぶない。そんなに　近よっては　いけない。ばくはつするから。」

と　言いました。

上の　文しょうを　読んで、つぎの　もんだいに　答えましょう。

① 花火を　まだ　一ども　見た　ことが　ないのは　だれですか。みんな　書きましょう。

（　　　　　　　　）

② さるが　ひろって　きた「花火」は、ほんとうは　何だったのですか。

③ さるは　何が「ばくはつする」と　思って　いるのでしょう。

（　　　　　　　　）

● おうちの方へ ●

まず、問いの言葉を含む文を本文から見つけます。①なら問いの「花火」「まだ一ども見たことが」を本文から見つけ、その文をしっかり読みます。そして「だれ」かをさがします。

【83ページの答え】1．①1L 5dL＋2dL＝1L 7dL　1L 7dL　②1L 5dL－2dL＝1L 3dL　1L 3dL
2．①7L 6dL　②2L 5dL　③5L 3dL　④3L 7dL　⑤1L 7dL　⑥3L 3dL

かさ 5

かんジュースの　かさを　はかったら、つぎのように　なりました。

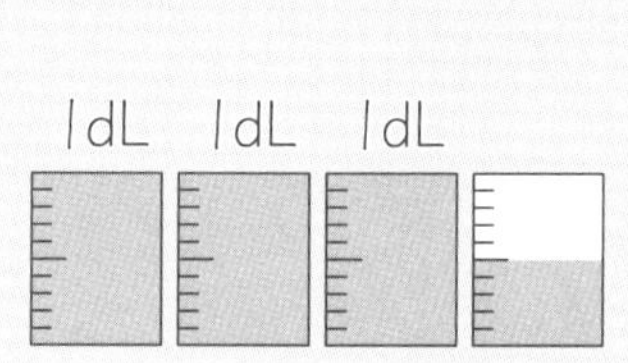

3dLと　半分(はんぶん)です。
かんに　**350mL**と　書(か)いてありました。
これを　**350ミリリットル**と読(よ)みます。

dLより　小さい　かさの　たんいに　**ミリリットル**が　あります。

mLの　書(か)き方(かた)を　れんしゅうしましょう。

つぎの　かさは、何(なん)mLでしょう。

パック入りの　牛(ぎゅう)にゅうを　1Lますに　入れました。ちょうど　いっぱいになりました（ヒント：パックを　よく　見ましょう）。

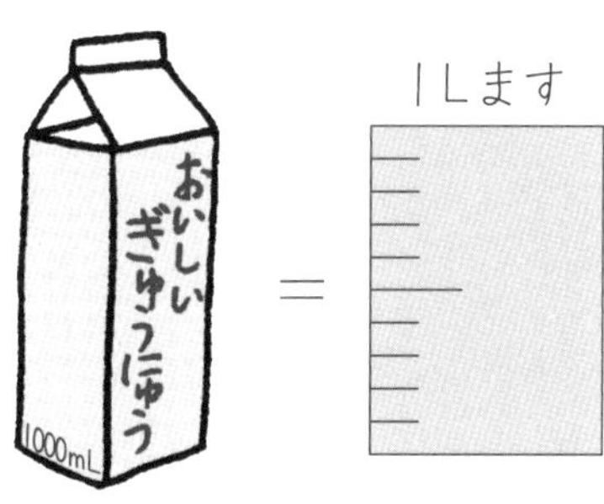

1L＝　　　　mL

おうちの方へ

「1L＝1000mL」をしっかり覚えさせましょう。

【86ページの答(こた)え】①花火　②大きな音をしてとび出す・うつくしく空に広がる
③夜の空に星をふりまくようにぱっと広がる花火

読みとりもんだい 4

べんきょうしたのは　月　日

おわったら色ぬりしよう

赤い　ろうそく ⑵

みんなは　おどろいて　しりごみしました。

そこで　さるは　花火と　いう　ものが、どんなに　大きな　音を　して　とび出すか、そして　どんなに　うつくしく　空に　広がるか、みんなに　話して　聞かせました。そんなに　うつくしい　ものなら　見たいものだと　みんなは　思いました。

「それなら、こんばん　山の　てっぺんに　行って　あそこで　うち上げて　みよう。」と　さるが　言いました。みんなは　大へんよろこびました。夜の　空に　星を　ふりまくように　ぱあっと　広がる　花火を　目にうかべて　みんなは　うっとりしました。

（新美南吉作）

上の　文しょうを　読んで、つぎの　もんだいに　答えましょう。

① さるは、何に　ついて　みんなに　話して聞かせましたか。

（　　　　）

② それは　どんな　ようすだと　話したのでしょう。

（　　　　）（　　　　）

③ みんなは　何を　目に　うかべたのでしょう。くわしく　書きましょう。

（　　　　）

● おうちの方へ ●

③は「何を目にうかべたのでしょう」という問いです。本文から「…を目にうかべて」が見つけ出せたら、「何を」がわかるでしょう。この続きは、インターネットの「青空文庫」で読むことができます。

【85ページの答え】1000mL

かさ 6

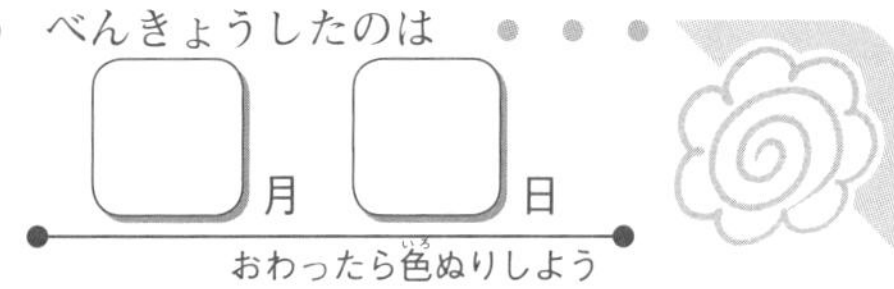

1. つぎの　かさは　どれだけでしょう。

①2つを　合わせると　何mLでしょう。

(　　　　mL)

②2つの　かさの　ちがいは　何mLでしょう。

(　　　　mL)

2. かさを　くらべて、多い　方の　(　)に　○を　しましょう。

① (　　) ㋐ 200mL
　 (　　) ㋑ 2L

② (　　) ㋐ 1L
　 (　　) ㋑ 999mL

③ (　　) ㋐ 8dL
　 (　　) ㋑ 3L

④ (　　) ㋐ 660mL
　 (　　) ㋑ 10dL

3. かさの　たんいを　□に　書きましょう。

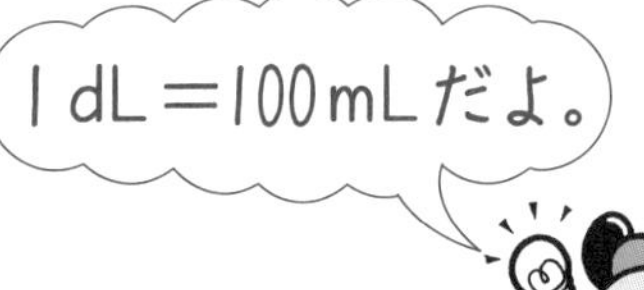

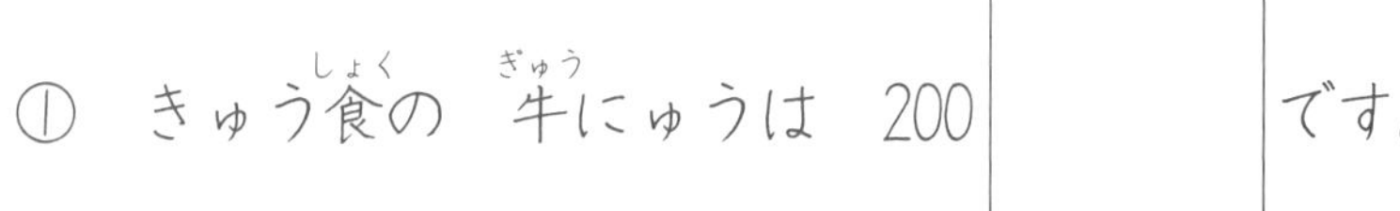

① きゅう食の　牛にゅうは　200□です。

② そうじ用の　バケツに　水が　4□入っています。

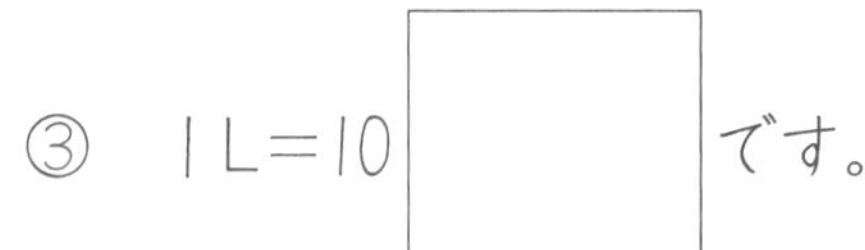

③ 1L＝10□です。

④ 500□入りの　お茶を　のみました。

おうちの方へ

mL、dL、Lの3つの単位の大きさを理解しているかどうかを確かめています。まちがいが多いようでしたら、もう一度「かさ 1」からやり直してみましょう。

【88ページの答え】1①しょうりゃく　②だ　③だろう　2①ました　②ます　③でしょう

文の おわりの 言い方

□の 中に 入る ことばを、□から えらんで、①「前の こと」、②「今の こと」、③「これからの こと」の 三つの 言い方に しましょう。

べんきょうしたのは　月　日

おわったら 色ぬりしよう

1

① 前の こと

・きのうは、大雨 [だった]。

② 今の こと

・今、西の 空は、まっかな 夕やけ [　　]。

③ これからの こと

・あすも、きっと 晴れる [　　]。

だろう　だった　だ

2

① 前の こと

・（少し前）さっき、七夕の かざりを 作り [　　]。

② 今の こと

・今、ささの はに かざりを つけ [　　]。

③ これからの こと

・夜も 晴れたら、きっと 天の川が きれいに 見える [　　]。

ます　ました　でしょう

● おうちの方へ ●

文の終わりの言い方（文末表現）は、いつのことかを表す大切な表現です。きちんと使い分けて、よくわかる文にしましょう。なお、先のことを表現するのに「～します。～ます。」は、自分の意思（決意）も含まれますので、単なる予想を表すときには「～でしょう。」を使います。

【87ページの答え】1．①700mL ②300mL 2．①㋑ ②㋐ ③㋑ ④㋑ 3．①mL ②L ③dL ④mL

ナゾトキ☆クエスト まよいの森 へん

ステージ 1

森の 中に 何かが かくれているぞ。たし算の 答えの 一のくらいが 1、3、5、7、9に なる ところに 黒く 色を ぬって すがたを うかび上がらせよう。

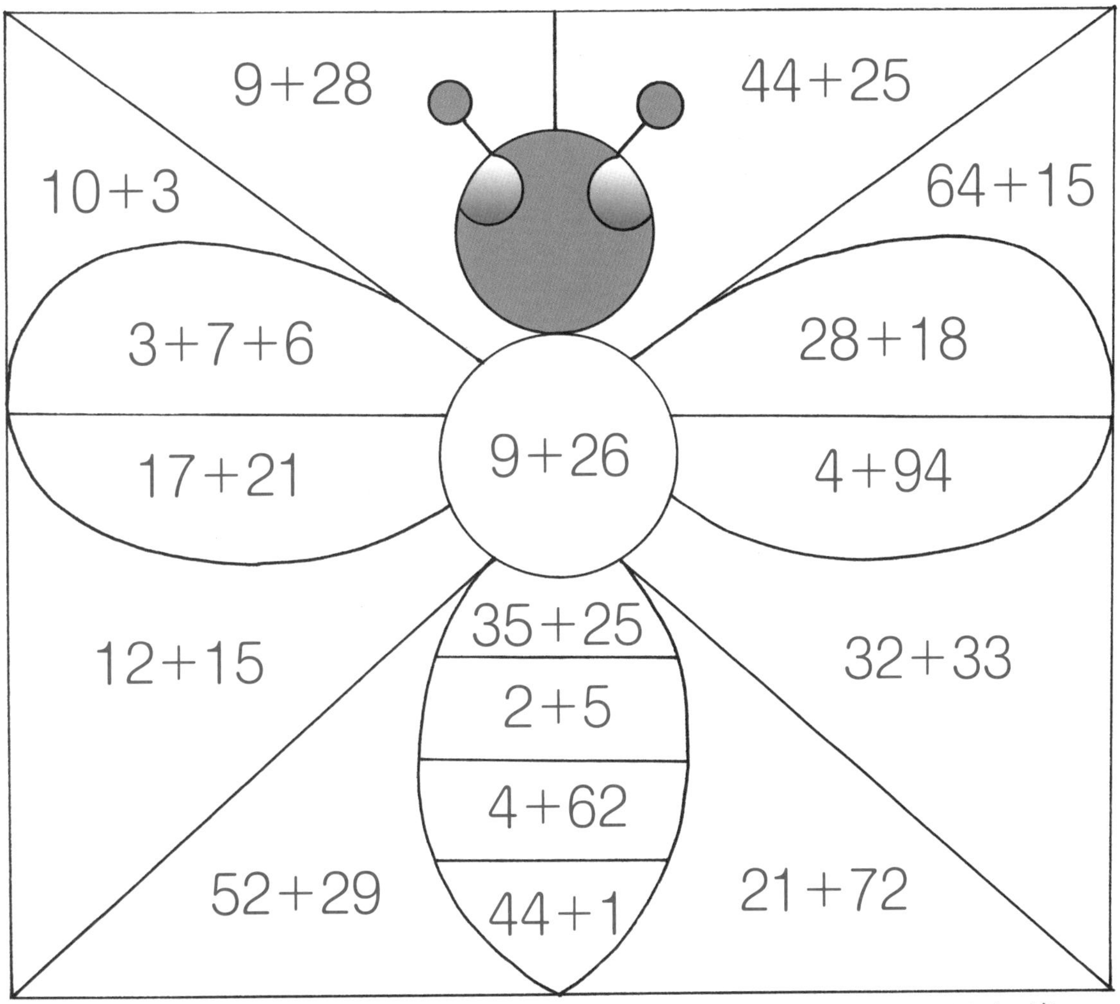

9+28　44+25

10+3　64+15

3+7+6　28+18

17+21　9+26　4+94

35+25

12+15　2+5　32+33

4+62

52+29　44+1　21+72

103ページに つづく。

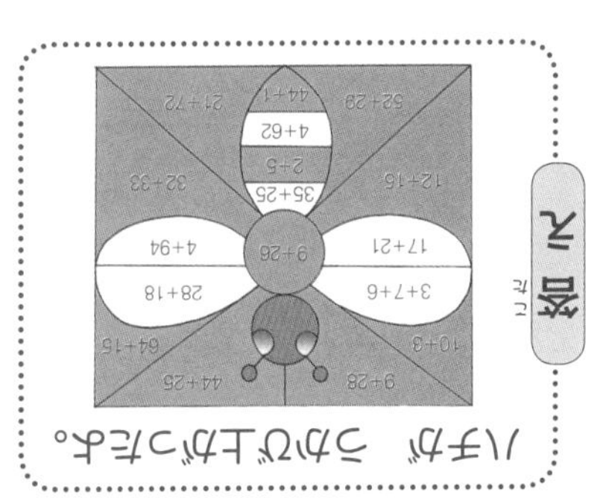

おまけ

● -----を　なぞりましょう。何(なに)に　たどりつくでしょう。

時こくと 時間 1

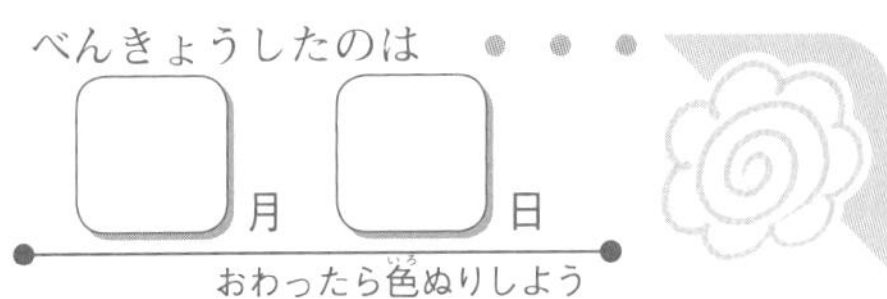

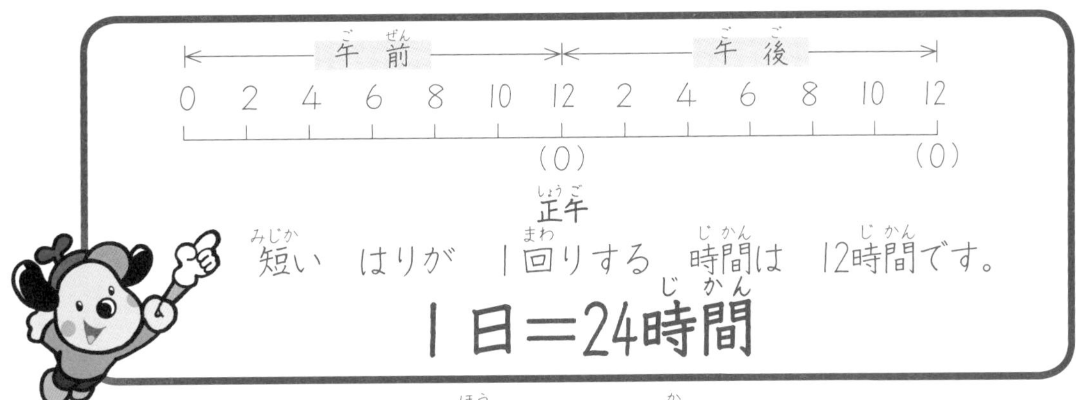

短い はりが 1回りする 時間は 12時間です。

1日＝24時間

1. つぎの（　）の 正しい 方に ○を 書きましょう。

① 朝の 読書は、（　）午前／（　）午後　8時30分からです。

② 5時間目は、（　）午前／（　）午後　1時50分からです。

2. 時こくと 時間について 考えましょう。

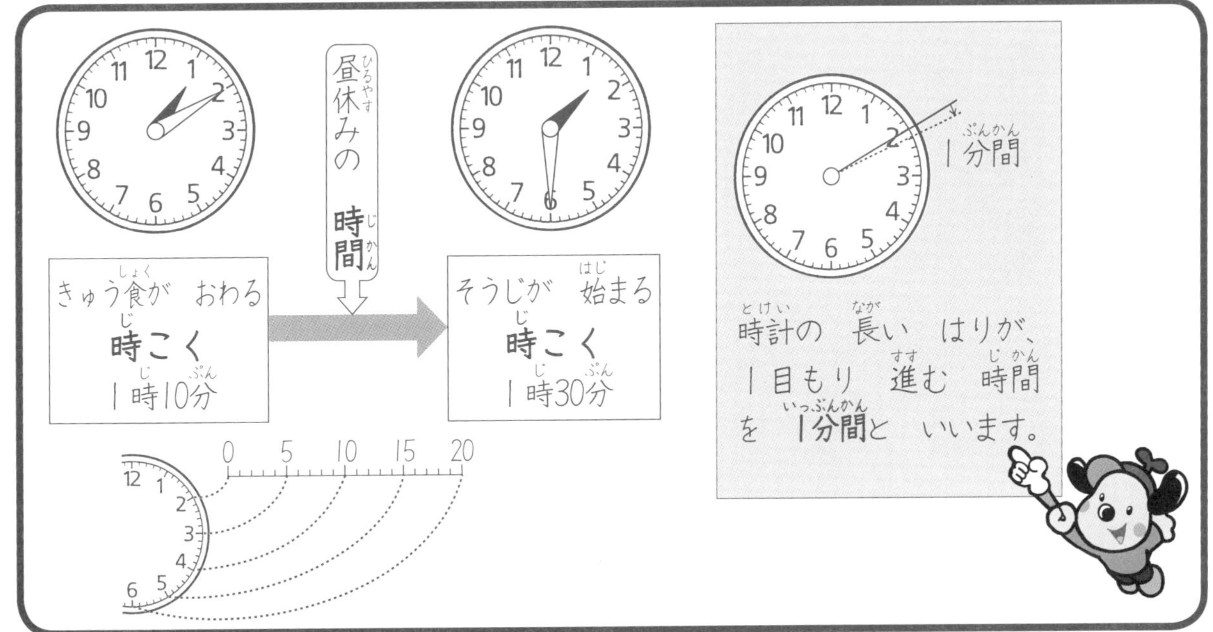

昼休みの 時間は 何分間でしょう。
上の 図を 見て 答えましょう。　（　　　分間）

● おうちの方へ ●

「1日＝24時間」を含め、時間は十進法ではありません。とまどいがちですが、しっかり覚えさせましょう。「時こく」も日常ではあまり使わない言葉です。「時こくと時間」のちがいをしっかり理解することが大切です。

【92ページの答え】①日どけい ②だんだんかわっていく。 ③まっすぐなぼう・かげ・むきと長さ

読みとりもんだい 5

べんきょうしたのは　　月　　日

おわったら色ぬりしよう

とけいの はじまり (1)

人が はじめに 考えついた、時こくや 時間を 知る しかけは、日どけいでした。

太ようの かげの むきと 長さは、時間が たつに つれて、だんだん かわって いきます。

地めんに まっすぐな ぼうを 立てると、その かげの むきと 長さで、およその 時こくや 時間を 知る ことが できるのです。

上の 文しょうを 読んで、つぎの もんだいに 答えましょう。

① 人が はじめに 考えついた、時こくや 時間を 知る しかけは、何でしたか。

（　　　　　　　　）

② 太ようの かげの むきと 長さは、時間が たつに つれて、どう なりますか。

（　　　　　　　　）

③ 日どけいで どのように して、時こくや 時間を 知る ことが、できるのですか。

地めんに（　　　　）を

立てて、その（　　　）の

（　　と　　）で 知る。

● おうちの方へ ●

①②は、問題文と同じ部分を上の文章に～～～を引いてみましょう。その続きに答えの言葉があることがわかります。ここでは、③がむずかしい質問のしかたとなっていますので、答えの文の間の言葉を手がかりにして、（　）の言葉を文章の中から見つけていきましょう。

【91ページの答え】1. ①午前 ②午後 2. 20

時こくと 時間 2

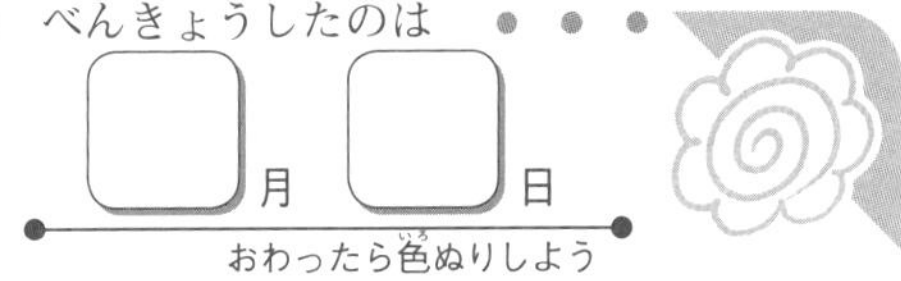

1. 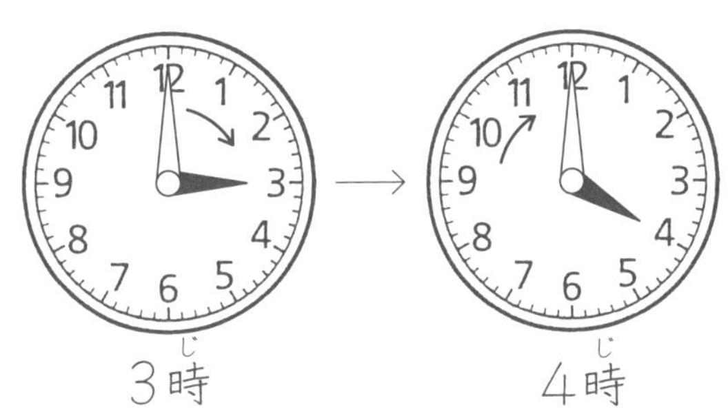

3時から 4時の 間に 長い はりが 1回りしました。時間は 何分間でしょうか。

(　　　　分間)

1時間＝60分
※60分間の ことを 60分とも いいます。

2. 何時間 たったでしょう(短い はりは、1時間で 数字の 1目もり分 動きます)。

①
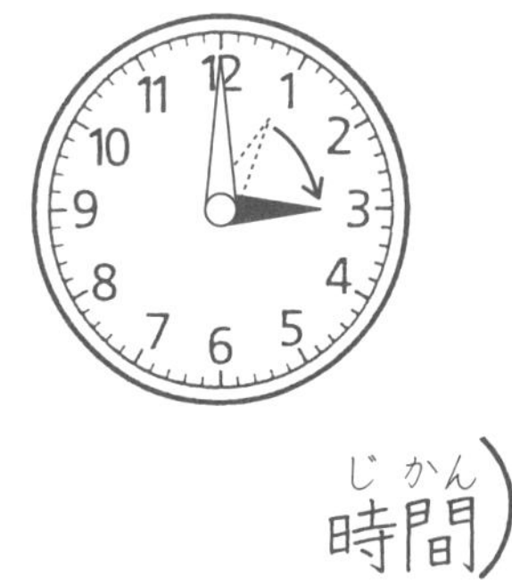

(　　　　時間)

②

(　　　　時間)

③
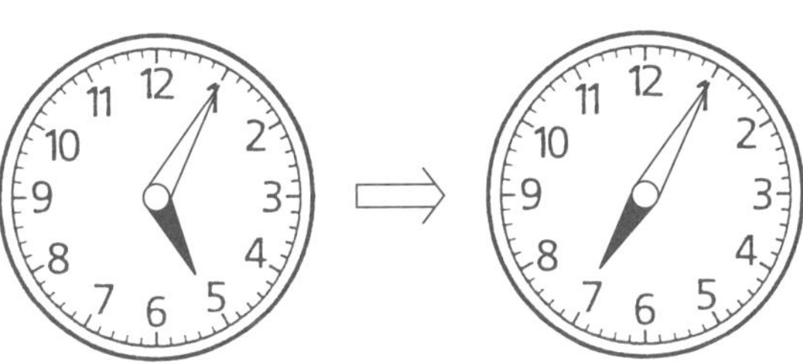

(　　　　時間)

④

(　　　　時間)

● おうちの方へ ●

短針に注目して、時間単位で時計の動きをとらえさせます。④はデジタル時計での計算です。

【94ページの答え】(1)①小さなあなをあけて（水を入れて）おく。 ②ながれ出た水のかさ
(2)①しるしのついたろうそく ②もやして、どこまでもえたか

読みとりもんだい 6

べんきょうしたのは　月　日

とけいの はじまり (2)

つぎに 考えたのは、水どけいです。

水おけに 小さな あなを あけて 水を 入れて おくと、ながれ 出た 水の かさで、時こくや 時間を 知る ことが できるのです。

後の 時だいには、火どけいも つかわれました。しるしの ついた ろうそくを もやして、どこまで もえたかで、時こくや 時間を 知ったのです。

上の 文しょうを 読んで、つぎの もんだいに 答えましょう。

(1) 水どけいに ついて 答えましょう。

① 水おけに、どんな しかけを しますか。

（　　　　）

② 何で、時こくや 時間を 知るのですか。

（　　　　）

(2) 火どけいに ついて 答えましょう。

① 何を つかいましたか。

（　　　　）

② どのように して、時こくや 時間を 知るのですか。

（　　　　）で 知った。

おうちの方へ

このページでは、前ページより少しむずかしい質問のしかたにしています。(1)①では「しかけ」が問われていますが、上の文章中にはその言葉は出てきません。(2)①も同様です。何度も音読して、文章を理解しましょう。また、問題文もくり返し読み、何が問われているかをよくつかんで答えるようにしましょう。

【93ページの答え】1．60分間　2．①2時間　②9時間　③2時間　④6時間

分数(ぶんすう) 1

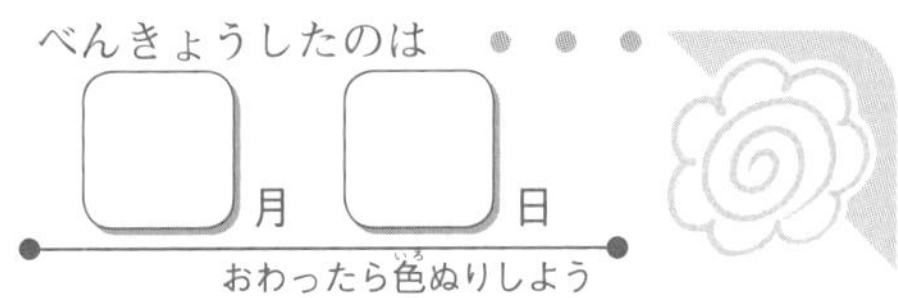

1. テープを 同(おな)じ 長(なが)さに 2つに 分(わ)けます。

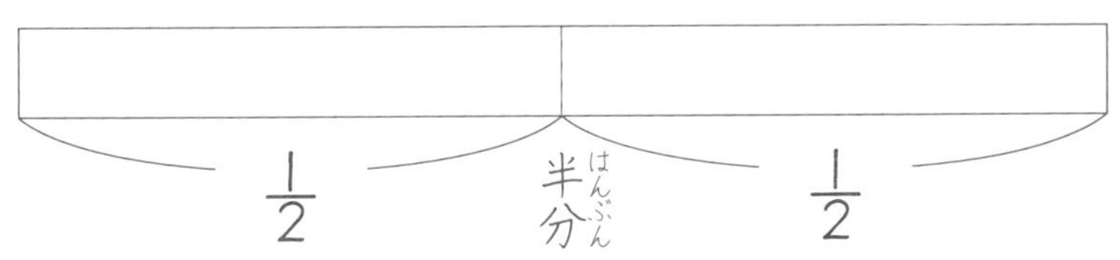

2つに 分(わ)けた 1つ分(ぶん)を、もとの 長(なが)さの **二分の一(にぶんのいち)** と いい、$\frac{1}{2}$ と 書(か)きます。このような 数(かず)を **分数(ぶんすう)** と いいます。

① テープを 2つに 分(わ)けた 1つ分(ぶん)の 長(なが)さに 色を ぬりましょう。

① ② ③ $\frac{1}{2}$ 数字(すうじ)は書(か)きじゅん

② テープを 同(おな)じ 長(なが)さに 4つに 分(わ)けます。■は、もとの 長(なが)さの どれだけでしょう。

(　　　)

2. ■の 大きさを 分数(ぶんすう)で 書(か)きましょう。

① 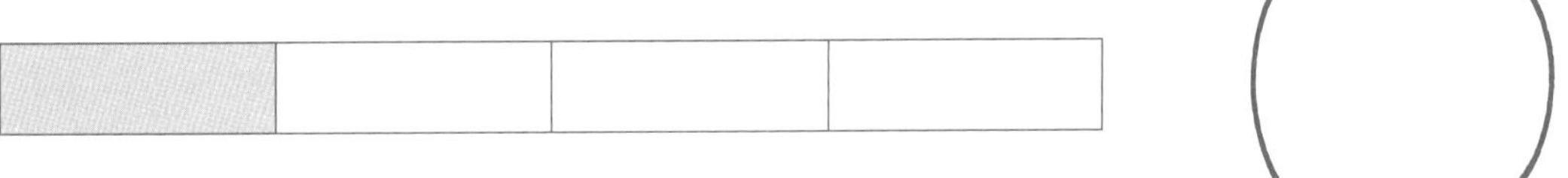

(　　　)

② 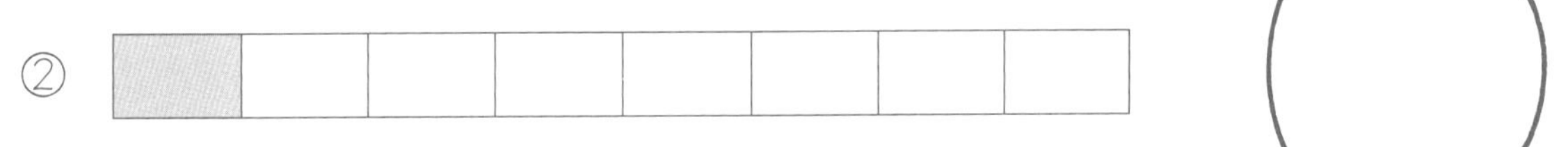

(　　　)

● おうちの方へ ●

2年生では、簡単な分数を学習します。分数という言い方と分数の書き順をきちんと覚えさせましょう。

【96ページの答(こた)え】①山のおくのおくの村 ②母さん ③山のおくのおくの村には、魚もこんぶもないから。

読みとりもんだい 7

ふしぎな　たけのこ　(1)

山の　おくの　おくの　村の、むかし　むかしの　お話。

「たろや、たけのこを　ほって　きて　おくれ。今夜は、ごちそうしよう。おまえの　たん生日だ」

母さんに　言われて、たろは　うらの　竹やぶに　行った。

「うーん、いいぞ。今夜は、ごちそうだ」

山の　たけのこは　みんなの　おおごちそうだ。山の　おくの　おくの　村には、魚も　こんぶも　ない。

「これにするか」　たろは、黒い　土を　もっくり　もち上げている　たけのこを　見つけて、ほりはじめた。

べんきょうしたのは　月　日

おわったら色ぬりしよう

上の　文しょうを　読んで、つぎの　もんだいに　答えましょう。

① どこの　お話ですか。

（　　　　　　　）

② 「たけのこを　ほって　きて　おくれ。」と　言ったのは、だれですか。

（　　　　　　　）

③ なぜ　たけのこは　おおごちそうなのですか。

（　　　　　　　から。）

④ たろが　ほりはじめた　たけのこは、どんな　たけのこでしたか。

（　　　　　　　）

● おうちの方へ ●

「　」のついている文を会話文といいます。物語文の中では、だれの話した言葉かをつかむことが、文を読み取っていくうえでの基本作業の一つとなります。この作品は、民話を思わせる語り口と豊かな空想の世界の美しい絵で、「世界絵本原画展グランプリ」を獲得しました。ぜひ読んでみてください。

【95ページの答え】 1. ① $\frac{1}{2}$ ② $\frac{1}{4}$　2. ① $\frac{1}{3}$ ② $\frac{1}{8}$

分数（ぶんすう） 2

べんきょうしたのは　□月　□日

おわったら色（いろ）ぬりしよう

1. おり紙（がみ）を　同（おな）じ　大きさに　3つに　分（わ）けます。

①

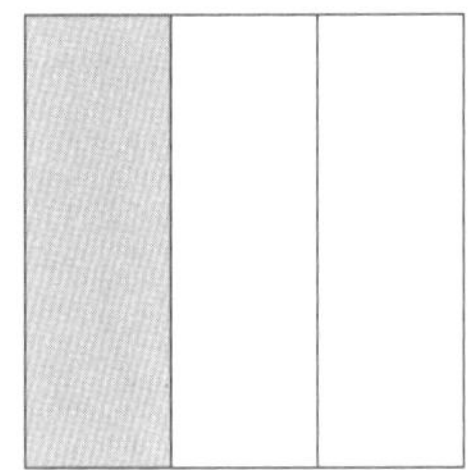

▯の　大きさを　分数（ぶんすう）で　あらわしましょう。

（　　　）

$\frac{1}{3}$は、もとの　大きさを　3つに　分（わ）けた　1つ分（ぶん）です。

②

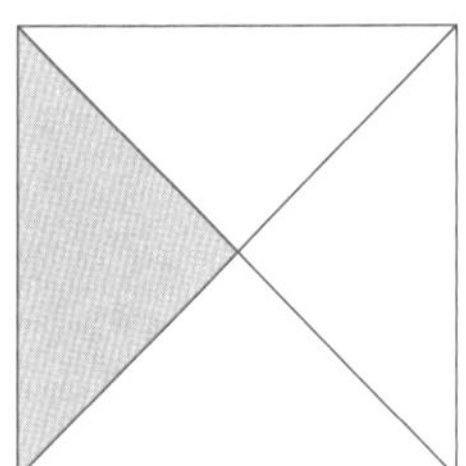

▷の　大きさを　分数（ぶんすう）で　あらわしましょう。

（　　　）

2. ㋐㋑㋒㋓の　分数（ぶんすう）と　その大きさを　あらわしている　ⓐⓘⓤⓔを　見て　同（おな）じ　大きさを　線（せん）で　むすびましょう。

㋐ $\frac{1}{4}$　　㋑ $\frac{1}{3}$　　㋒ $\frac{1}{2}$　　㋓ $\frac{1}{8}$

ⓐ　　ⓘ　　ⓤ　　ⓔ

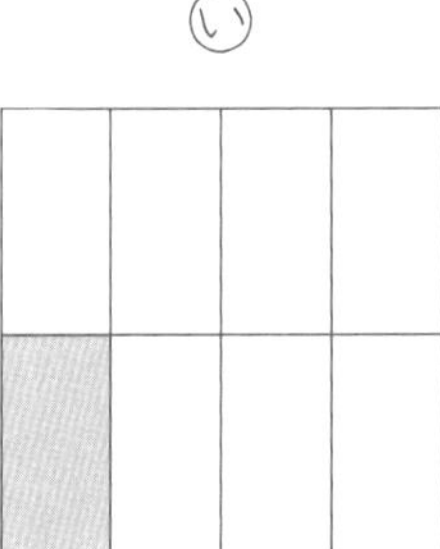
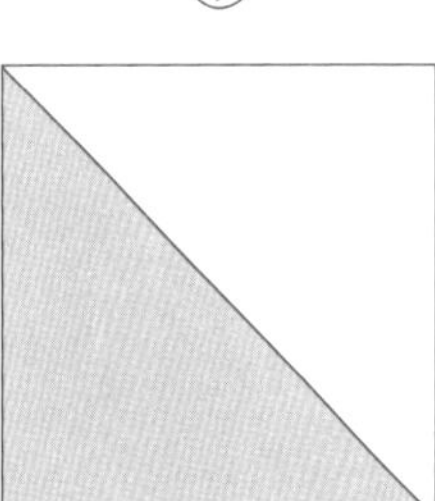
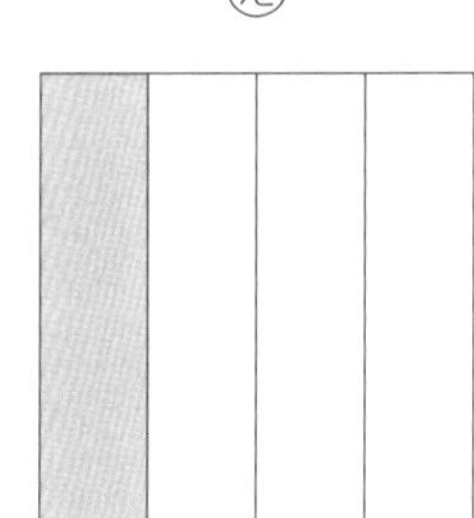

おうちの方へ 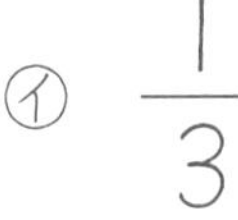

分数のもとの大きさを表す場合、95ページのテープ▭やこのページの折り紙□など、いろいろなものがあります。

読みとりもんだい 8

べんきょうしたのは　月　日

おわったら色ぬりしよう

ふしぎな　たけのこ　(2)

少し　ほると、あつくなって、上ぎを　ぬいだ。たろは、上ぎを　すぐ　そばの　たけのこに　ひょいと　かけた。

と、そのとたん――

その　たけのこが　ぐぐぐっと　のびた。

「おっ」　たろは、あわてて　上ぎを　とろうとした。たけのこに　とびついた。たけのこは　また、ぐぐぐっと　のびた。

たろが　のぼる。

たけのこが　のびる。

たろが　のぼる。

たけのこが　のびる。

たろは、いつのまにか　とてつもなく　高い　ところに　来てしまった。

（松野正子作・瀬川康夫絵・福音館書店）

上の　文しょうを　読んで、つぎの　もんだいに　答えましょう。

① たろは、上ぎを、どこに　かけましたか。

（　　　　）

② たけのこが、力強く　ぐんぐん　のびて　いく　ようすを　どんな　ことばで　あらわして　いますか。

（　　　　）

③ たろは、のびつづける　たけのこに　どうして　のぼりつづけたのですか。

（　　　　）

④ ――線「とてつもなく」とは、どんな　いみで　すか。○を　つけましょう。

（　）少しだけ。

（　）考えられないくらい、とんでもなく。

（　）ふしぎで　たまらないほど。

おうちの方へ

物語に使われている言葉には、作者の思いや考えがこめられています。②では、「ぐんぐん」でないところに気がついてほしいですね。③は、物語の基本的なすじがわかっているかどうかを問う問題です。また物語文を読み進めていくときには、前後の文脈から、知らない言葉でも意味を推測していくことも必要になってきます（④）。

【97ページの答え】1．① $\frac{1}{3}$　② $\frac{1}{4}$　2．㋐―え、㋑―あ、㋒―う、㋓―い

図で 考えよう 1

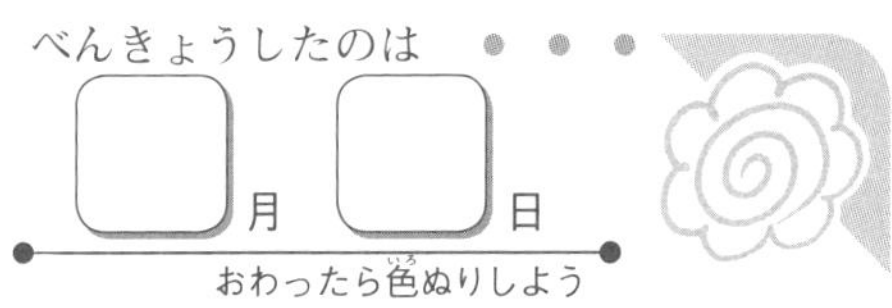
べんきょうしたのは
月
日
おわったら色ぬりしよう

すいかの　たねを　数えました。あゆみさんは　28こ、ゆうきくんは　36こ ありました。合わせて　何こですか。
（ア：あゆみさんは　28こ　イ：ゆうきくんは　36こ　ウ：合わせて　何こですか）

① 下の　図を　つかって　考えましょう。

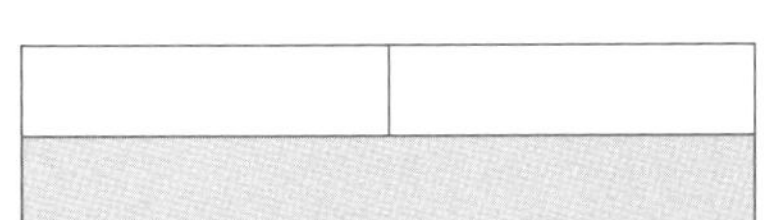

② ㋐と　㋑の　数を　図に　書きます。

㋐　28こ	㋑　36こ
㋒　合わせた　数（　　　）こ	

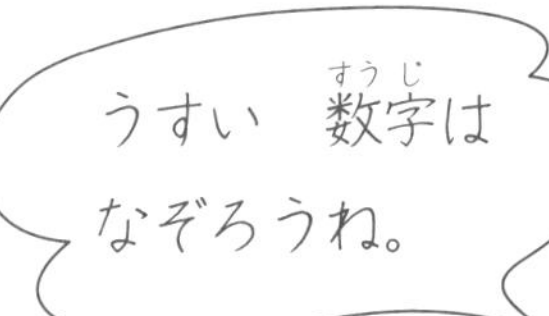
うすい　数字は
なぞろうね。

③ しきを　書きましょう。

28＋36

④ ひっ算で　計算しましょう。

⑤ しきを　しあげて、答えを　書きましょう。

28＋36＝64

答え＿＿＿＿＿＿＿＿

● おうちの方へ ●

たし算、ひき算の問題は、①のように図にすると、イメージ化できます。図をどのように使って、問題をどのように解いていくのかをつかませましょう。

【100ページの答え】①つめたい　②たくさんの　③まっ赤な　④大きな

くわしくする ことば 1

べんきょうしたのは　□月　□日

つぎの □に 入る ことばを、□から えらんで 書きましょう（一回だけ つかいます）。

おわったら色ぬりしよう

① □ かきごおりを 食べる。

② □ セミが 鳴いて いる。

③ はたけに □ トマトが たくさん なった。

④ ライオンが □ 声で ほえて いる。

まっ赤な
大きな
つめたい
たくさんの

おうちの方へ

このページは名詞を詳しくする言葉（形容詞と形容動詞）を集めました。修飾語をさらに詳しくすると、文はいっそう豊かになります。（例：とても　たくさんの　セミが　鳴いている。）

【99ページの答え】①～③しょうりゃく。 ④ $\begin{array}{r}28\\+36\\\hline 64\end{array}$ ⑤28+36=64　64こ

図で考えよう 2

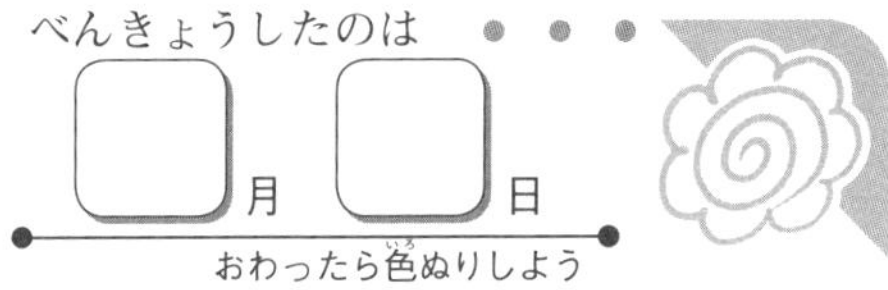

1. 52円の　アイスキャンディーと　38円の　ラムネがしを　買いました。
いくら　はらいましたか。(　　)に　数を　書いてから　しきを　書きましょう。

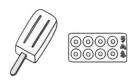

アイスキャンディー(　　　)円	ラムネがし(　　　)円
はらった　お金	

しき

計算

答え

2. 赤い　花が　27本　さいて　います。黄色の　花が　34本　さいて　います。
花は、ぜんぶで　何本　さいて　いますか。(　　)に　数を　書いてから、
しきを　書きましょう。

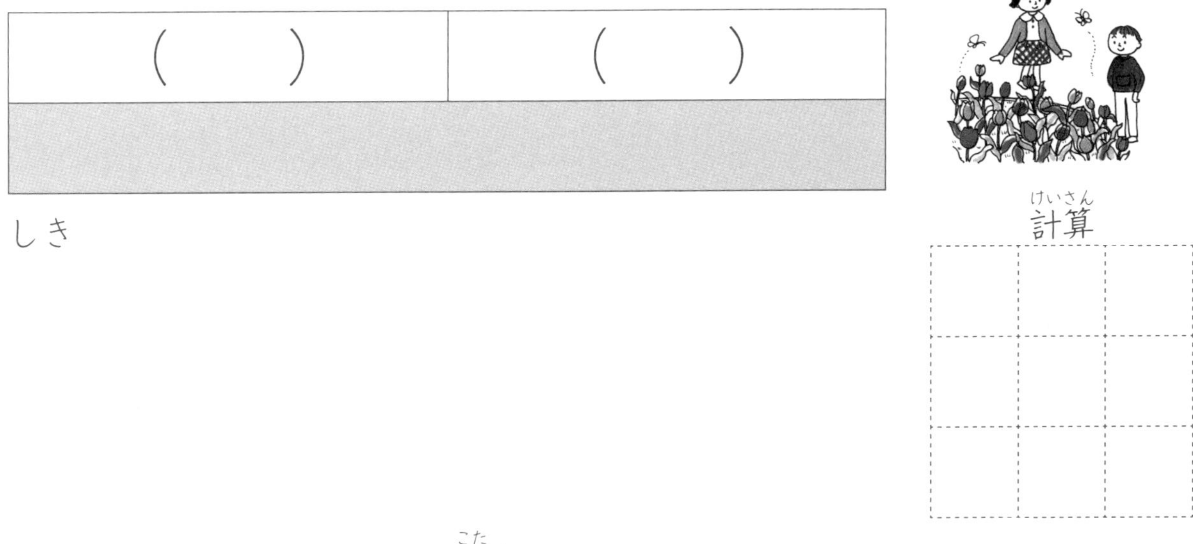

しき

計算

答え

おうちの方へ

99ページと同じくたし算の問題です。ヒントをだんだん少なくしています。

【102ページの答え】①もりもり　②だらだら　③つぎつぎ　④ぐんぐん

くわしくする ことば 2

べんきょうしたのは　月　日

つぎの □に 入る ことばを、□から えらんで 書きましょう（一回だけ つかいます）。

① ごはんを □ 食べる。

② あせが 体中を □ ながれる。

③ あさがおが □ さく。

④ ひまわりが □ そだつ。

ぐんぐん
つぎつぎ
だらだら
もりもり

おわったら色ぬりしよう

● おうちの方へ ●

様子を詳しく表す言葉をたくさん知っていると、文章表現が豊かになります。ここでは動詞を詳しくする（修飾する）言葉を集めました。文を書くとき、動詞の前に必ず一言修飾する言葉をつけるようにアドバイスするとよいですね。

【101ページの答え】

1. (52) (38)　52＋38＝90　90円

2. (27) (34)　27＋34＝61　61本

ステージ
2

春に なって、冬みんしていた虫たちも、みんな うれしそうだね！
1

たいかい
さあさあ！ みなさま こちらへ おあつまりください！
2

虫たちの　大食い大会だ。一番　たくさん　食べたのは　だれかな？
はじめの　数から　のこった　数を　ひこう。

① ア リ
60まい あるよ
くるしい〜 40まい のこってるよ。

② バッタ
48まい あるよ
もうだめ！ 30まい のこったわ〜。

③ アオムシ
32まい あるよ
う〜ん、11まい のこっちゃった。

④ リ オ
44まい あるよ
おいしい…
もう、食べられ ない、25まい のこってる〜。
ゲフ

117ページに　つづく。

一番　たくさん　食べたのは（　　　　　　　　　　）

答え

21まいで ③の アオムシが ゆうしょう

● 数字（すうじ）を　あらわす　かん字の　マスに　色（いろ）を　ぬりましょう。なんと　いう　字が　できるでしょう。

川	生	一	二	三	四	七	川	月
小	貝	人	川	七	虫	口	子	校
校	手	先	四	山	学	花	山	貝
山	子	五	六	八	十	一	月	耳
人	小	九	手	子	子	七	貝	手
校	花	十	八	七	二	九	虫	生
足	山	六	生	学	先	五	学	人
花	先	九	三	八	五	六	人	足
学	手	山	月	小	校	生	花	校

・耳

図で 考えよう 3

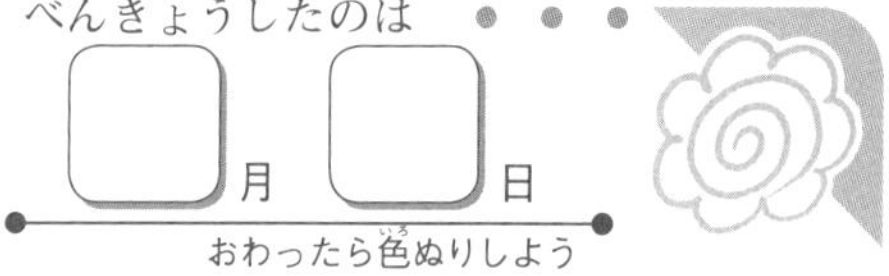

1. けい子さんは、65円もって お店に 行きました。25円の おかしを 買うと、何円 のこって いますか。図に 数を 書いてから しきを 書きましょう。

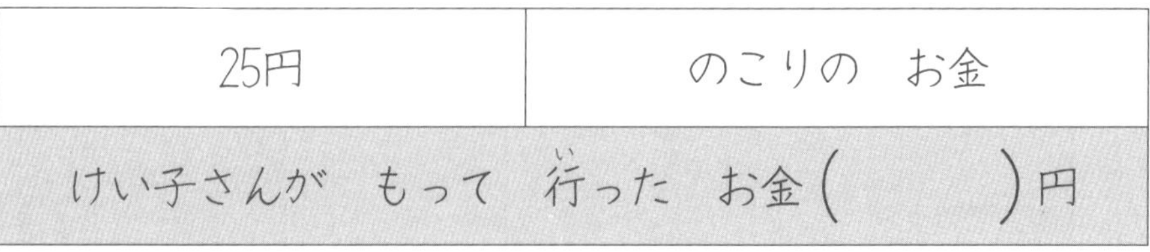

25円	のこりの お金
けい子さんが もって 行った お金（　　　）円	

しき

計算

答え

2. 80ページの 本を 2日で 読みました。きのう、39ページ 読みました。今日は 何ページ 読んだのでしょう。（　　）に 数を 書いてから しきを 書きましょう。

きのう 読んだ（　　　）ページ	今日 読んだ ページ数
ぜんぶの ページ数（　　　）ページ	

しき

計算

答え

● おうちの方へ ●

このページは、残りを求めるひき算の問題です。**2**は「のこりは」と問うていないので少しとまどうかもしれませんが、落ち着いて図を参考に考えればできます。

二年生の かん字 9

べんきょうしたのは 月 日

左の お手本を 見て 右に 書きましょう。つぎに、左の お手本を なぞりましょう。

地（ジ・チ）（六画）：土（と）・地（ち）・地（ち）・下（か）

池（チ・いけ）：古（ふる）・池（いけ）・電（でん）・池（ち）

当（トウ・あ-たる）：当（とう）・日（じつ）・当（とう）・分（ぶん）

同（ドウ・おな-じ）：同（どう）・時（じ）・同（どう）・数（すう）

肉（ニク）：牛（ぎゅう）・肉（にく）・肉（にく）・体（たい）

羽（は・はね）：羽（は）・音（おと）・三（さん）・羽（ば）

・肉体（にくたい）…生きている人の体（からだ）。
・羽音（はおと）…とりの羽（は）ばたく音。

おわったら色ぬりしよう

● おうちの方へ ●

上の漢字を使った言葉→「地図」「ちょ水池」「当せん」「合同」など。「一羽」と数えるときには「いちわ」と読みます。多いまちがい→「電地」「ちょ水地」

池 肉 羽
右を長く ・→止める 「ミ」にならないように

【105ページの答え】1. 65−25＝40 40円 (65)　2. 80−39＝41 41ページ (80) (39)

図で考えよう 4

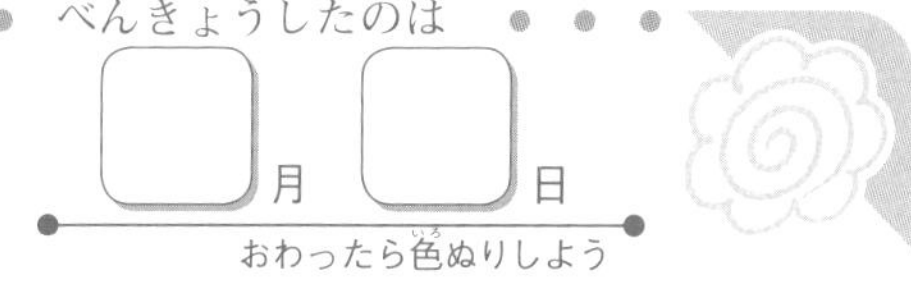

1. 魚つりに　行きました。お兄さんは　23びき、ぼくは　18ひき　つりました。お兄さんは、ぼくより　何びき　多く　つったでしょう。図に　数を　書いてから　しきを　書きましょう。

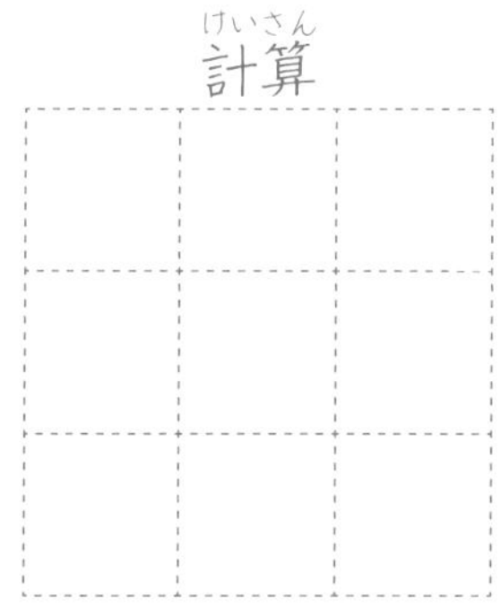

23びき

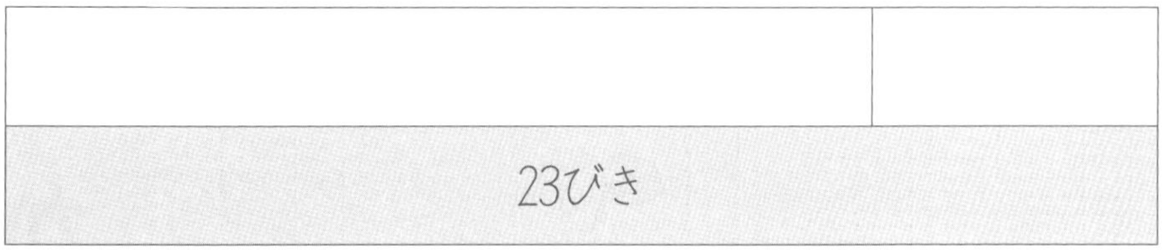

しき

計算

答え

2. 赤い　花が　42本　さいて　います。白い　花が　37本　さいて　います。どちらが　何本　多く　さいて　いるでしょう。図に　数を　書いてから　しきを　書きましょう。

しき

計算

答え

おうちの方へ

このページは、ちがい（差）を求めるひき算の問題です。**2**は、「どちらが」という問いですから、「○○が△△多い」と答えなければなりません。

二年生の かん字 10

左の お手本を 見て 右に 書きましょう。つぎに、左の お手本を なぞりましょう。

べんきょうしたのは　月　日

米（六画）　ベイ　マイ　こめ

- 米（べい）はん
- 白（はく）米（まい）

毎　マイ

- 毎（まい）年（とし（ねん））
- 毎（まい）回（かい）

角（七画）　カク　かど　つの

- 方（ほう）角（がく）
- 牛（うし）の角（つの）

・毎回（まいかい）…そのたびごとに。

汽　キ

- 汽（き）車（しゃ）
- 汽（き）船（せん）　船

近　キン　ちか-い

- 遠（えん）　遠　近（きん）
- 近（ちか）道（みち）　道

形　ケイ　ギョウ　かた　かたち

- 図（ず）　図　形（けい）
- 手（て）形（がた）

おわったら 色ぬりしよう

おうちの方へ

上の漢字を使った言葉→「新米」「毎朝」「三角」「四つ角（かど）」「汽笛」（3年生で学習）「近所」（3年生で学習）「地形」「人形」など。

角　汽
いらない　×まげすぎ

【107ページの答え】1.

18	

23−18＝5　5ひき

2.

37	42

42−37＝5　赤い 花が 5本 多い

図で考えよう 5

べんきょうしたのは　月　日
おわったら色ぬりしよう

1. はじめに　花火が　85本　ありました。つかった　あと　数えたら　28本　ありました。花火を　何本　つかったでしょう。(　　)に　数を　書いてから　しきを　書きましょう。

つかった　花火の　数	(　　)本
(　　)本	

しき

計算

答え

2. 50人のりの　バスが　あります。あと　3人　のる　ことが　できます。今、おきゃくは　何人　のって　いるでしょう。図を　かいて　考えましょう。

しき

計算

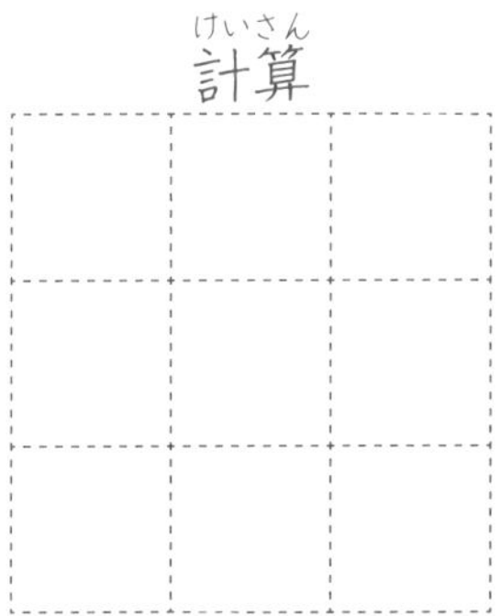

答え

● おうちの方へ ●

まず、図を作らせます。わかっている数を順に入れていくことで、答えとして何が求められていて、何算を使うのかがわかります。

二年生の かん字 11

左の お手本を 見て 右に 書きましょう。つぎに、左の お手本を なぞりましょう。

べんきょうしたのは　月　日

（七画）

言　ゲン・ゴン　い－う・こと
ことば（言葉）　いう（言う）

作　サク・サ　つく－る
こう（工作）　さく（作）　どうさ（動作）

社　シャ　やしろ
かいしゃ（会社）　おやしろ（お社）

・動作（どうさ）…うごき。
・お社（やしろ）…じん社（じゃ）。

図　ト・ズ
ちず（地図）　とし（図書）

声　セイ　こえ
にくせい（肉声）　おおごえ（大声）

走　ソウ　はし－る
きょうそう（きょう走）

・肉声（にくせい）…マイクなどをとおさない生の声（こえ）。
・きょう走（そう）…かけっこ。

おわったら色ぬりしよう

● おうちの方へ ●

上の漢字を使った言葉→「伝言」（4年生で学習）「米作（べいさく）」「入社」「社会」「図画」「音声」「走者」（3年生で学習）など。「言う」は「いう」と書きます。また、「ランという花」「つくえがガタガタいう」などのときは、ふつうひらがなで書きます。

言（上が長い）　作（少し右に）　声（上が長い）　走（×上からつなぐ）

【109ページの答え】 1. 85－28＝57　57本　2. 50－3＝47　47人

図で 考えよう 6

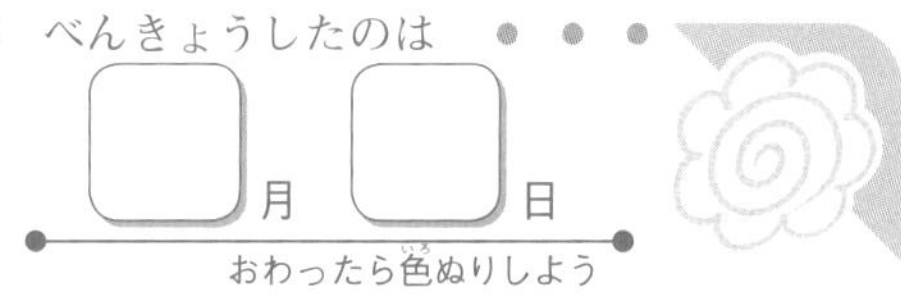

1．チョコボールを 20人で 1こずつ 食べて、のこりを 数えたら 37こ ありました。チョコボールは はじめ 何こ ありましたか。（　　）に 数を 書いてから しきを 書きましょう。

20こ	のこり（　　）こ
はじめの 数	

しき

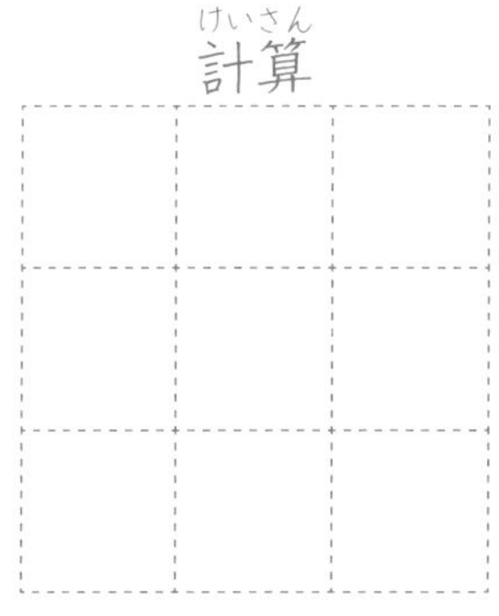

答え

2．30円の おかしを 買ったら、のこりの お金が 65円に なりました。
はじめに いくら もって いたでしょう。図に 数を 書いてから しきを 書きましょう。

しき

答え

● おうちの方へ ●

このページは、使った数と残りの数をたして、初めの数を求める問題です。問題としては、ややこしいですが、図にすると、たし算で求めることがわかりやすくなります。

二年生の かん字 12

左の お手本を 見て 右に 書きましょう。つぎに、左の お手本を なぞりましょう。

べんきょうしたのは　月　日

（七画）

体（タイ・からだ）

体力（たいりょく）

人体（じんたい）

弟（ダイ・おとうと）

兄弟（きょうだい）

弟（おとうと）

谷（たに）

谷川（たにがわ）

谷間（たにま）

何（なに・なん）

何時（なんじ）

何ごと（なにごと）

売（バイ・う－る）

売店（ばいてん）

売買（ばいばい）

麦（むぎ）

小麦（こむぎ）

麦茶（むぎちゃ）

・売買（ばいばい）…売り（う）かいすること。

おわったら 色ぬりしよう

おうちの方へ

上の漢字を使った言葉→「気体」「何者」（3年生で学習）「麦畑」（3年生で学習）など。「弟」は「おとおと」とかなを打たないように。

谷　売
・→止める　上が長い

【111ページの答え】 1. （37） 20+37=57 57こ　2. 30 65 30+65=95 95円

3つの数の計算 1

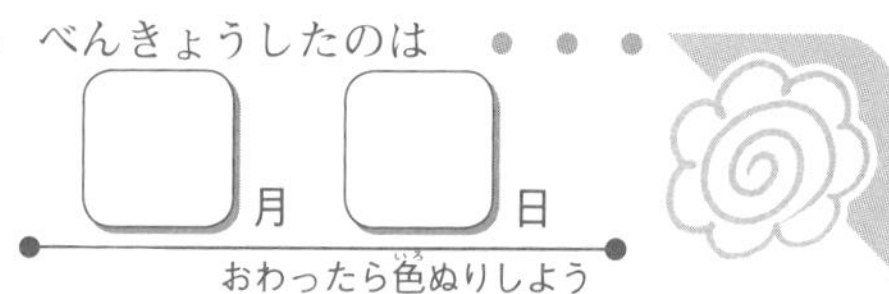

ただしくんは、文ぼうぐやさんで　30円の　えんぴつと　40円の　けしゴムを買いました。それから　おかしやさんで、20円の　あめを　買いました。ぜんぶで　いくら　つかったでしょう。

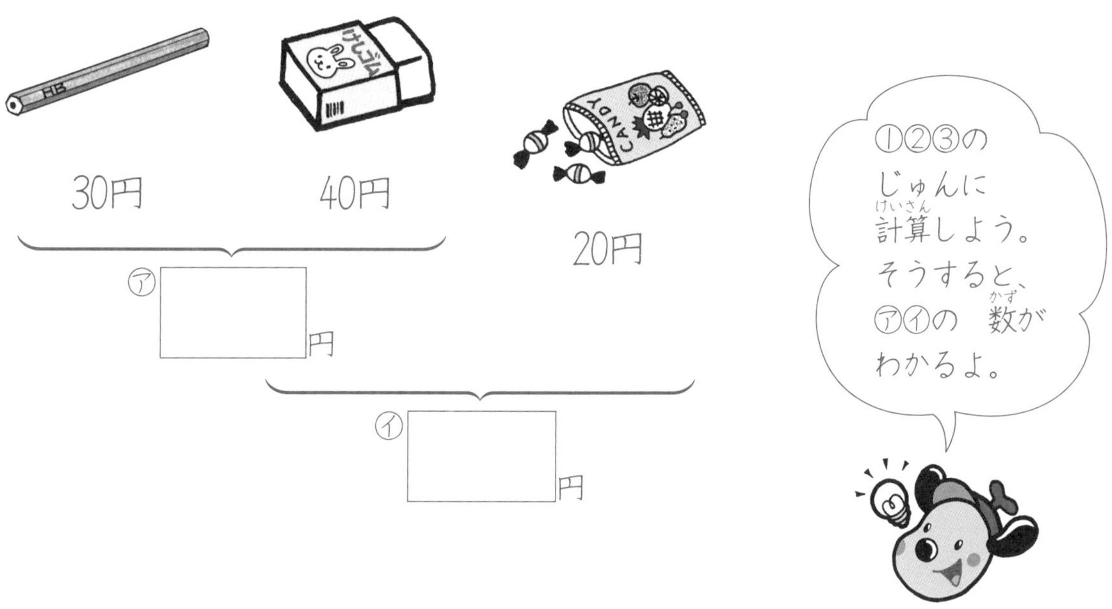

① 文ぼうぐ（えんぴつと　けしゴム）の　ねだん…㋐

しき

答え ________

② ぜんぶの　ねだん…㋑

しき

答え ________

③ 1つの　しきに　すると

しき □＋□＋□＝□

答え ________

● おうちの方へ ●

3つの数が出てくる問題です。初めの2つを計算し、その答えに次の数をたして2つの式にするやり方と、1つの式にするやり方があります。

二年生の かん字 13

左の お手本を 見て 右に 書(か)きましょう。つぎに、左の お手本を なぞりましょう。

来（七画）	里	姉（八画）
ライ　く-る	リ　さと	あね
来(らい)月(げつ)	千(せん)里(り)	姉(あね)と 妹(いもうと)
来(らい)年(ねん)	里(さと)いも	

妹	画	岩
いもうと	ガ　カク	ガン　いわ
妹(いもうと)思(おも)い	画(が)家(か)	岩(がん)石(せき)
	計(けい)画(かく)	岩(いわ)山(やま)

● おうちの方へ ●

上の漢字を使った言葉→「来店」「里帰り」「図画」「画数」「岩場」など。「お姉（ねえ）さん」は特別な読み方です。

【113ページの答え】㋐70　㋑90　①30+40=70　70円　②70+20=90　90円　③30+40+20=90　90円

3つの数の計算 2

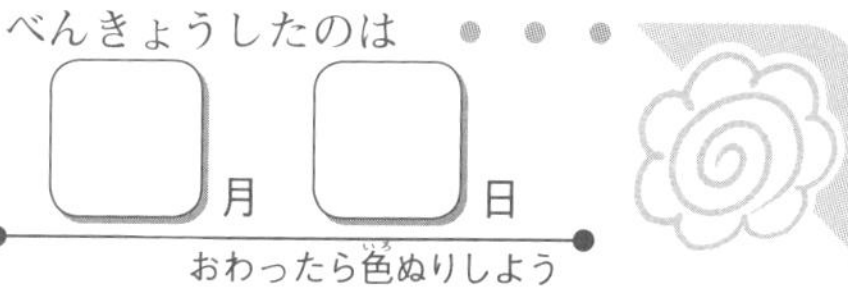
べんきょうしたのは
月
日
おわったら色ぬりしよう

ななみさんは、文ぼうぐやさんで　40円の　えんぴつと　40円の　けしゴムを　買いました。お店の　人が　10円　おまけして　くれました。
ぜんぶで　いくら　はらったら　いいでしょう。

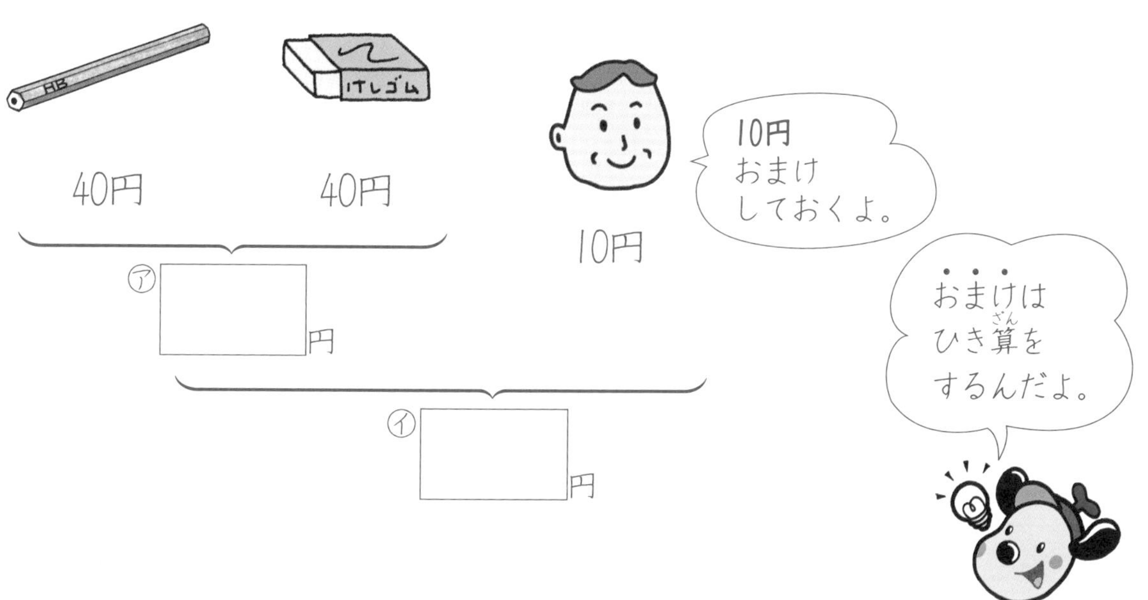
HB
けしゴム
40円
40円
10円
10円
おまけ
しておくよ。
㋐　円
㋑　円
おまけは
ひき算を
するんだよ。

① 文ぼうぐ（えんぴつと　けしゴム）の　ねだん…㋐

しき

答え

② お店に　はらった　お金…㋑

しき

答え

③ 1つの　しきに　すると

しき　□ ＋ □ － □ ＝ □

答え

おうちの方へ

このページでは、ひき算も出てきます。問題文をていねいに読めば、初めはたし算をして、おまけをしてくれたから、ひき算になることに気づくでしょう。

二年生の かん字 14

左の お手本を 見て 右に 書きましょう。つぎに、左の お手本を なぞりましょう。

べんきょうしたのは　月　日

おわったら 色ぬりしよう

京（八画）	キョウ	東京（とうきょう）・上京（じょうきょう）
国	コク・くに	外国（がいこく）・雪国（ゆきぐに）
知	チ・し-る	知人（ちじん）・知事（ちじ）（3年）
長	チョウ・なが-い	船長（せんちょう）・長年（ながねん）
直	チョク・ジキ・ただ-ちに・なお-す	直線（ちょくせん）・正直（しょうじき）
店	テン・みせ	書店（しょてん）・夜店（よみせ）

・上京…東京へ行くこと。

・雪国…雪がたくさんふる地方。

・知人…知り合い。

・直線…まっすぐな線。

・書店…本やさん。

おうちの方へ

上の漢字を使った言葉→「京都」「国内」「通知」「長方形」「直前」「売店」など。

知　•→止める
長　縦が先
直　まっすぐ下ろす

【115ページの答え】㋐80　㋑70　①40＋40＝80　80円　②80−10＝70　70円　③40＋40−10＝70　70円

ナゾトキ☆クエスト まよいの森 へん

まいごの　お母さんたちは、3本の　木の　どれかに　いるぞ。点線の　長さの　合計が　20cmの　木が　正かいだ。じょうぎで　はかって　たしかめよう。

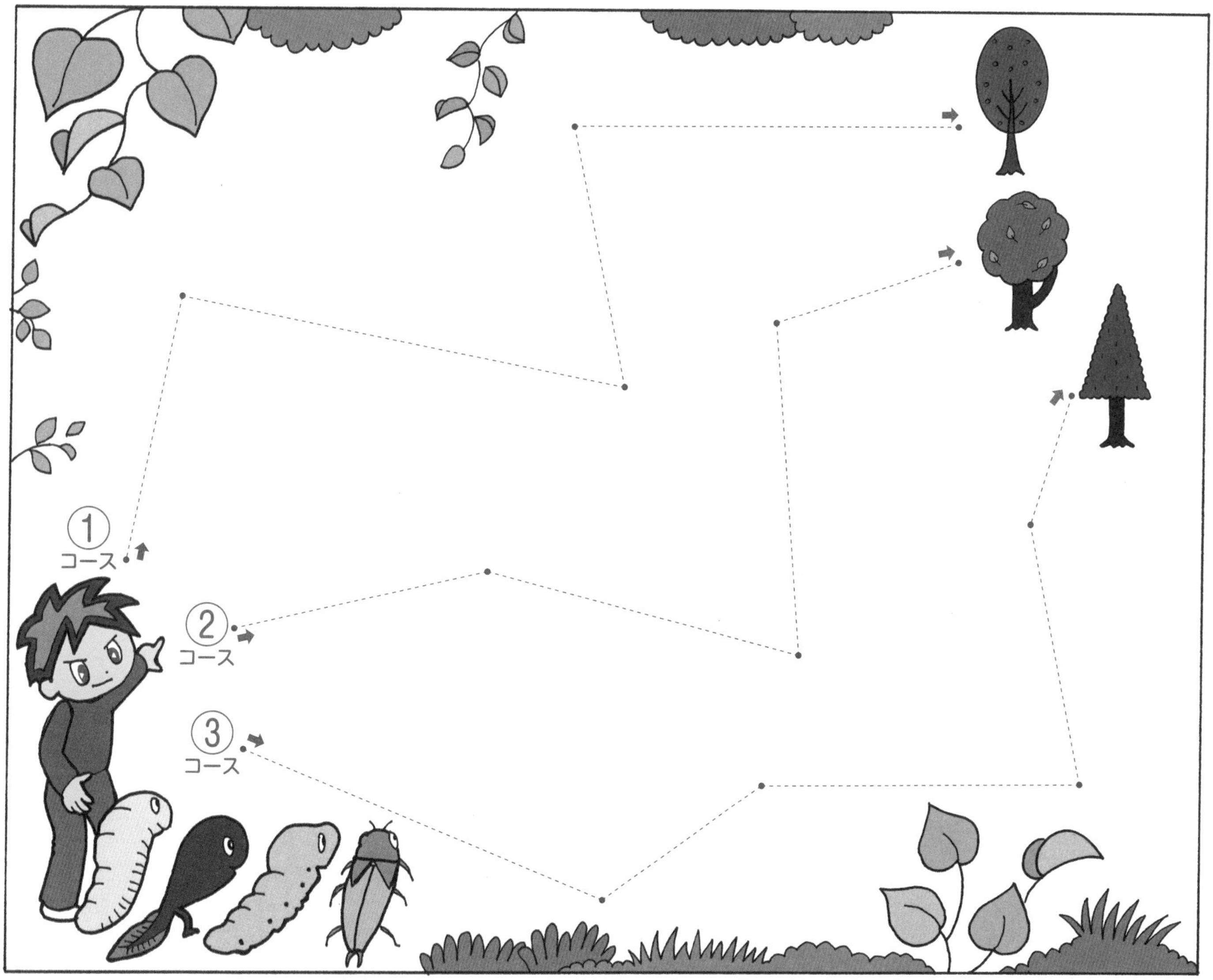

①コース

②コース

③コース

131ページに　つづく。

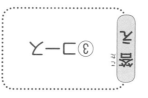

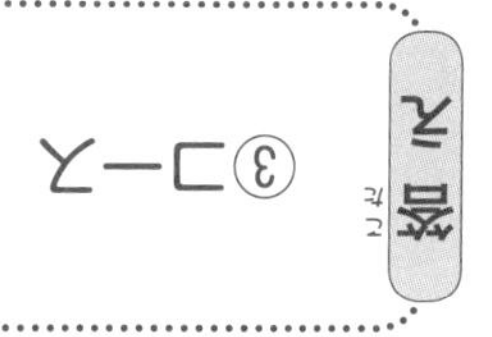

おまけ

●自分の　時間を　書きましょう。数字は　かん字で　書きましょう。
れい（七時）

3つの 数の 計算 3

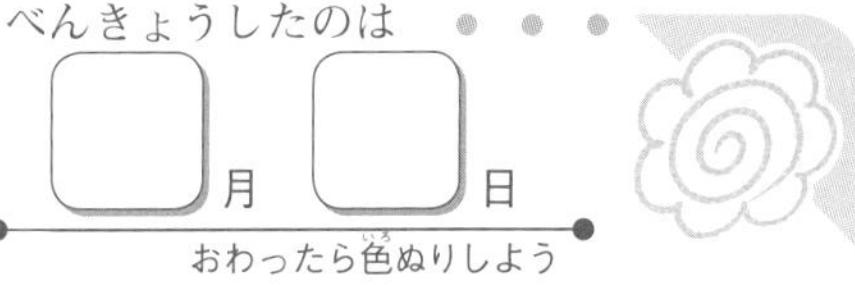

25＋24＋17の 計算を しましょう。

〔方ほう①〕はじめの 2つの 数を 計算して、その 答えに つぎの 数を たす 方ほうです。

㋐25＋24＝□　　㋑□＋17＝□

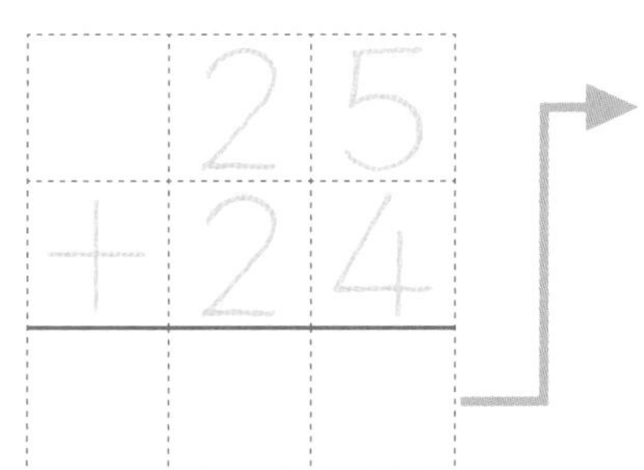

〔方ほう②〕3つの 数で 1つの しきを 作る 方ほうです。

25＋24＋17＝㋒□

㋐一のくらいの 計算　　㋑十のくらいの 計算

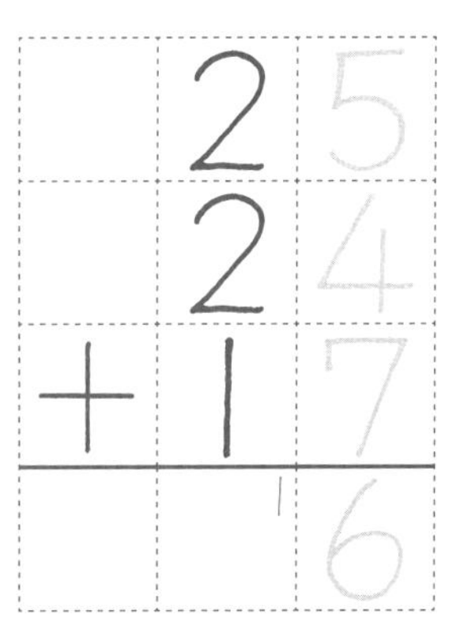

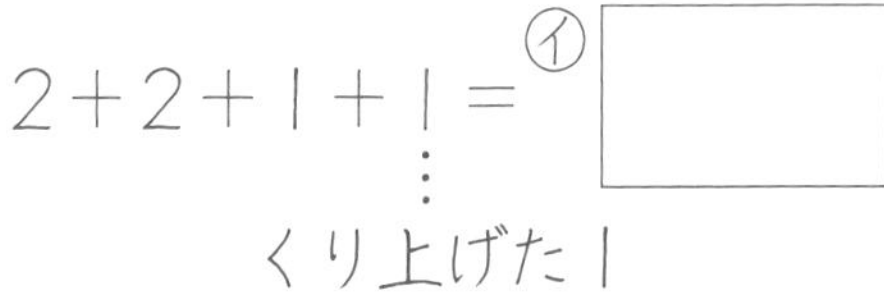

5＋4＋7＝㋐□　　2＋2＋1＋1＝㋑□

くり上げた1

おうちの方へ

計算の方法は、①でも②でもかまいません。どちらがよりいい方法ということではありません。ただし、〔方ほう②〕は、ひき算が混じったときは、使えなくなります。

二年生の かん字 15

左の お手本を 見て 右に 書きましょう。つぎに、左の お手本を なぞりましょう。

べんきょうしたのは　月　日

（八画）

東	歩	明
トウ　ひがし	ホ　あゆ-む　ある-く	メイ　ミョウ　あ-かり　あか-るい　あき-らか　あ-ける
東（ひがし）	歩道（ほどう）	明日（みょうにち）
東西（とうざい）	歩む（あゆむ）	明るい（あかるい）

・明日（みょうにち）…「あす」ともよむ。

（九画）

門	夜	科
モン	ヤ　よ　よる	カ
正門（せいもん）	夜中（よなか）	科学（かがく）
門番（もんばん）	夜明け（よあけ）	科目（かもく）

おわったら 色ぬりしよう

● おうちの方へ ●

「東」は木の枝の間から日（太陽）が出てきた形（朿）で、日の出る方向を表していると覚えるといいですね。上の漢字を使った言葉→「東海道」「歩行者」（3年生で学習）「明月（めいげつ）」「月夜」「内科」など。

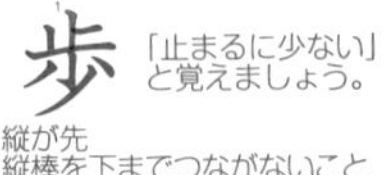

歩
「止まるに少ない」と覚えましょう。
縦が先
縦棒を下までつながないこと

【119ページの答え】①㋐49 ㋑49＋17＝66 ②㋐16 ㋑6 ㋒66

3つの数の計算 4

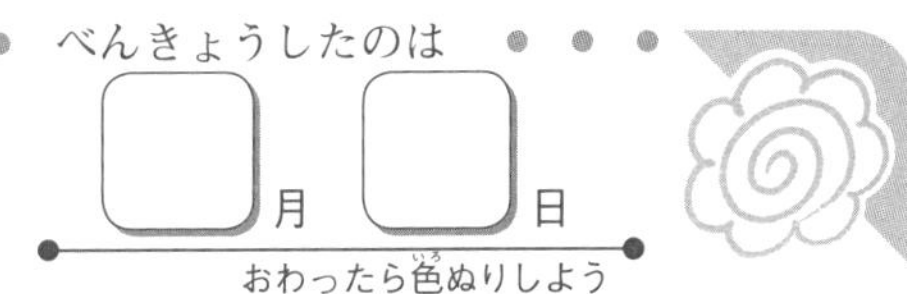

つぎの 計算を ㋐㋑ 2つの 方ほうで しましょう。

① 23＋35＋14

㋐

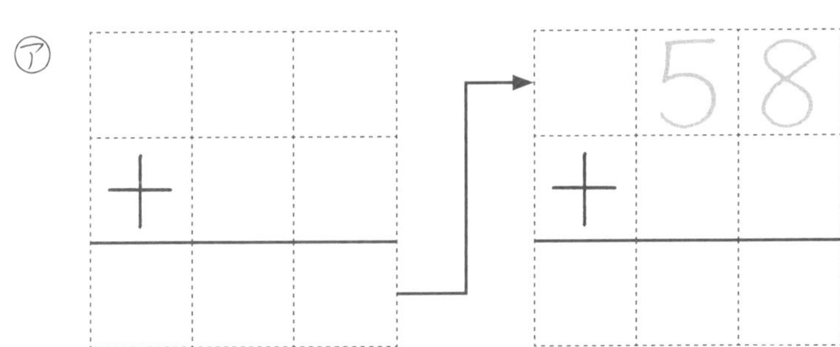

㋑

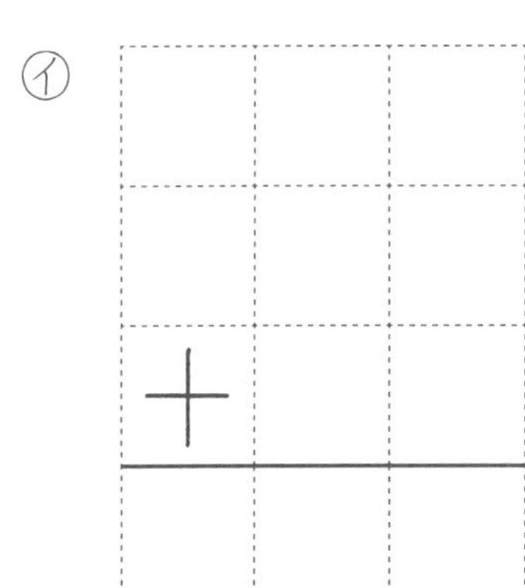

② 28＋31＋26

㋐

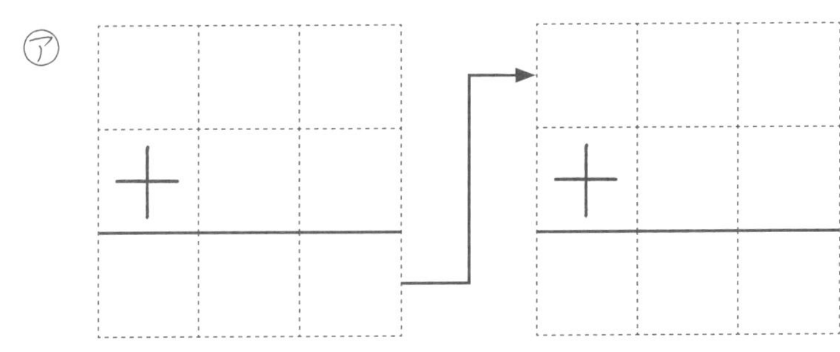

㋑

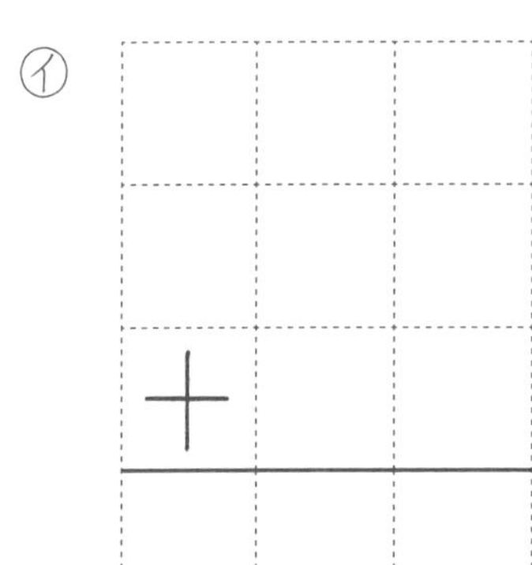

おうちの方へ

119ページで学習した２つの方法で、３つの数のたし算ができることを確かめられたら合格です。

二年生の かん字 16

左の お手本を 見て 右に 書(か)きましょう。つぎに、左の お手本を なぞりましょう。

べんきょうしたのは　月　日

海（九画）	カイ／うみ	海水（かいすい）、海辺（うみべ）（辺は4年）
活	カツ	生活（せいかつ）、活字（かつじ）
計	ケイ／はか-る	計算（けいさん）、計る（はかる）
後	ゴ・コウ／のち・うし-ろ・あと	午後（ごご）、後足（あとあし）
思	シ／おも-う	思考（しこう）、思う（おもう）
室	シツ	室内（しつない）、室外（しつがい）

・後足(あとあし)…後(うし)ろ足(あし)。
・思考(しこう)…考(かんが)えること。

おわったら 色(いろ)ぬりしよう

● おうちの方へ ●

上の漢字を使った言葉→「海上」「海風（うみかぜ）」「活気」「計画」「教室」など。「計る」は「数を数える、考えて決める」などの意味で使われ、「測る」は水深や面積などを調べるときに使われます（「測量」と覚えるとよいです）。「図る」は「計画する、工夫する」という意味です。

【121ページの答(こた)え】 ①㋐ 23+35=58 → 58+14=72　㋑ 23+35+14=72　②㋐ 28+31=59 → 59+26=85　㋑ 28+31+26=85

3つの数の計算 5

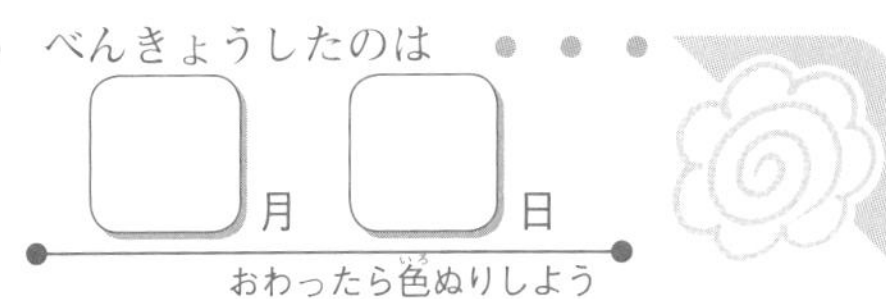

つぎの　計算を　しましょう。

① 35＋46－27＝□

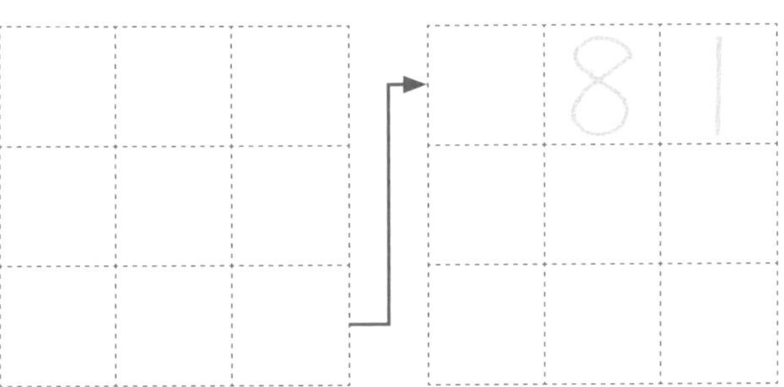

② 46－28＋35＝□

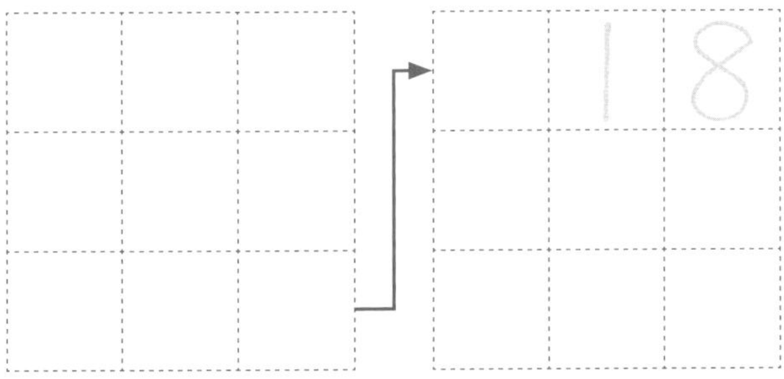

③ 93－25－33＝□

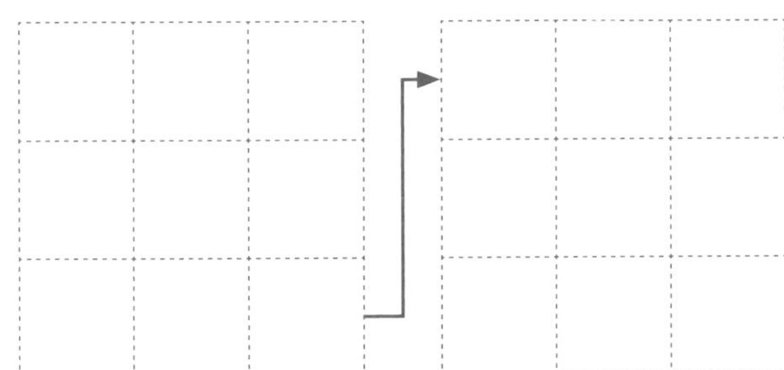

おうちの方へ

たし算とひき算が混ざると、一度に計算できません。１つずつ、何算か確かめながらやらせましょう。

【124ページの答え】①上げる　②上る　③下げる　④下る　⑤下ろす　⑥生える　⑦生きる　⑧明ける

おくりがな

つぎの ――を 引いた ことばを かん字と おくりがなを つかって 書きましょう。

べんきょうしたのは □月 □日

① つみあげる。（上　）

② かいだんを のぼる。（　）

③ 頭を さげる。（下　）

④ さかを くだる。（　）

⑤ にもつを おろす。（下　）

⑥ 草が はえる。（生　）

⑦ さばくで いきる。（　）

⑧ 夜が あける。（　）

かん字の 下に つづけて 書く かなを おくりがなと いいます。かん字や 文を 正しく 読むために、おくりがなは、大切な はたらきを して います。

おわったら 色ぬりしよう

おうちの方へ

文章の中で、その漢字をどう読むのか送りがなを手がかりに判断することがあります。読み方が違えば、意味がまったくちがってきます。漢字は、送りがなも含めて学習することが大切です。

【123ページの答え】①54　35+46=81　81−27=54　②53　46−28=18　18+35=53　③35　93−25=68　68−33=35

3つの 数の 計算 6

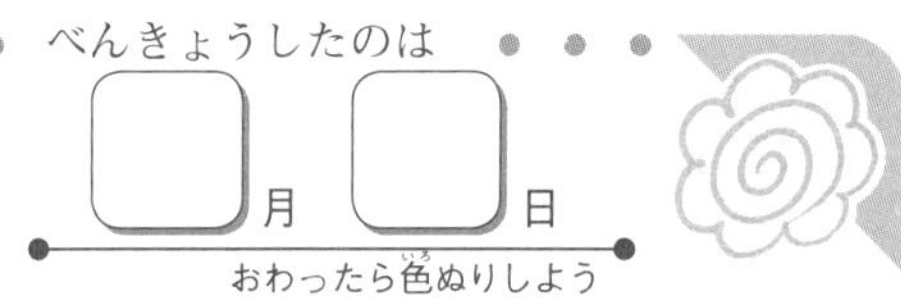

1．バスに　おきゃくが　20人　のって　いました。バスていで　3人が　おりて、4人　のって　きました。おきゃくは、何人に　なったでしょう。

しき

答え ＿＿＿＿＿＿＿＿＿＿

2．バスに　おきゃくが　18人　のって　いました。バスていで　6人　おりました。つぎの　バスていで　5人　おりました。おきゃくは、何人に　なったでしょう。

しき

答え ＿＿＿＿＿＿＿＿＿＿

おうちの方へ

文章を読んで式がきちんと立てられるでしょうか。計算が簡単にできるように、小さい数にしています。

かたかな 5

つぎの ことばを かたかなで 書きましょう。

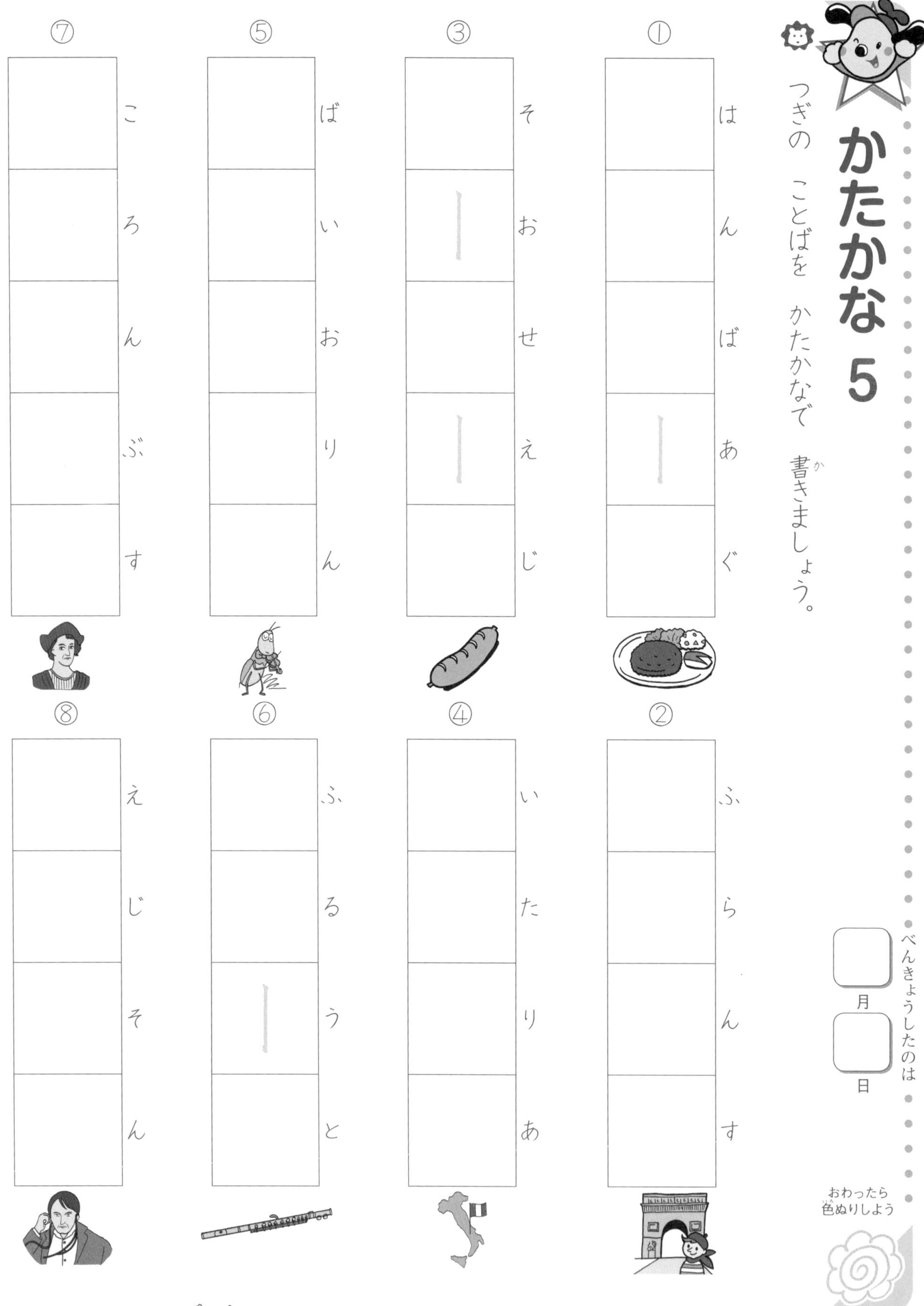

① はんばあぐ
② ふらんす
③ そおせえじ
④ いたりあ
⑤ ばいおりん
⑥ ふるうと
⑦ ころんぶす
⑧ えじそん
べんきょうしたのは
月
日
おわったら
色ぬりしよう

● おうちの方へ ●

「ワ」と「ク」、「ン」と「ソ」、「リ」と「ソ」、「シ」と「ツ」は書き分けるのがむずかしい字です。「シ」は「し」、「ツ」は「つ」とひらがなを重ねて覚えるとわかりやすいです。書き分けのむずかしい字は、「ワクワク」「ソリソリ」「シーツシーツ」「ソンソン」など、くり返して書いてみましょう。

【125ページの答え】1. 20−3＝17　17＋4＝21　または　20−3＋4＝21　21人
2. 18−6＝12　12−5＝7　または18−6−5＝7　7人

たし算の ひっ算 1

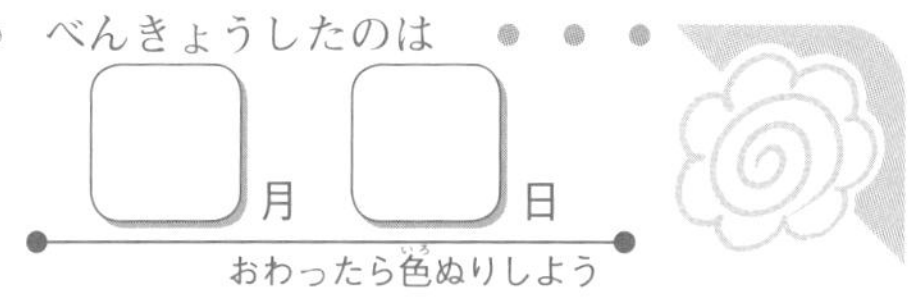

63＋54を　ひっ算で　します。①～③まで　声に　出して　読みましょう。

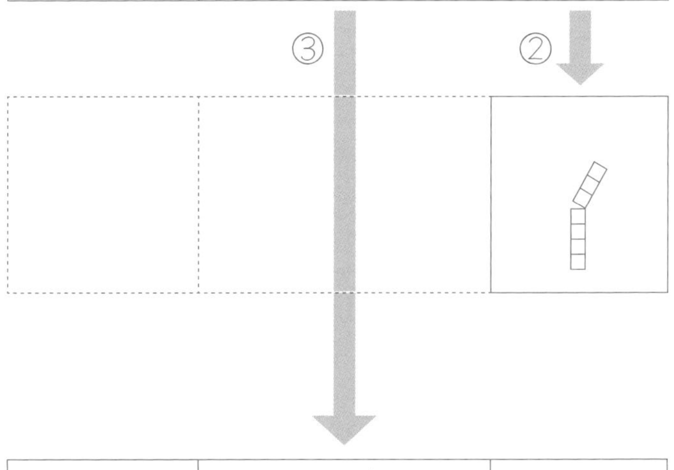

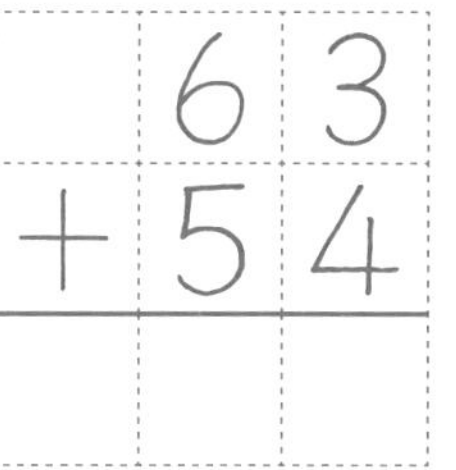

	6	3
＋	5	4

① くらいを　そろえて
書きます。

② 一のくらいの
計算を　します。

	6	3
＋	5	4
		7

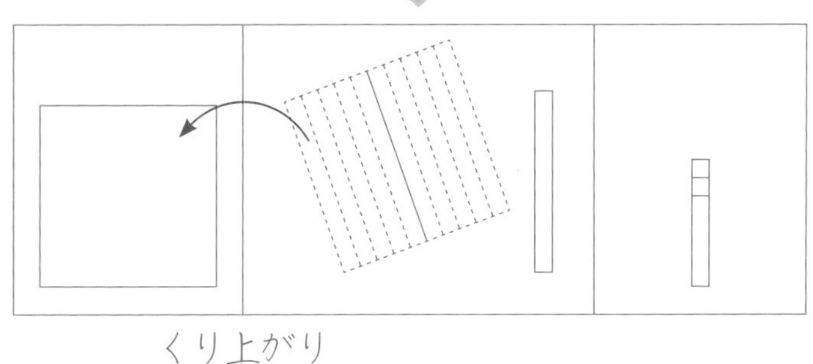

くり上がり

③ 十のくらいの
計算を　します。

	6	3
＋	5	4
1	1	7

おうちの方へ

「たし算6～9」では、一の位がくり上がる学習をしましたが、ここでは十の位だけくり上がる問題を取り上げました。まず、位をそろえて式を写します。そして、一の位から計算を始めます。

【128ページの答え】①シャーベット　②ソックス　③コマーシャル　④シューズ　⑤サーフィン　⑥サッカー　⑦ニャーオ　⑧ポチャン

かたかな 6

つぎの ことばを かたかなで 書きましょう。

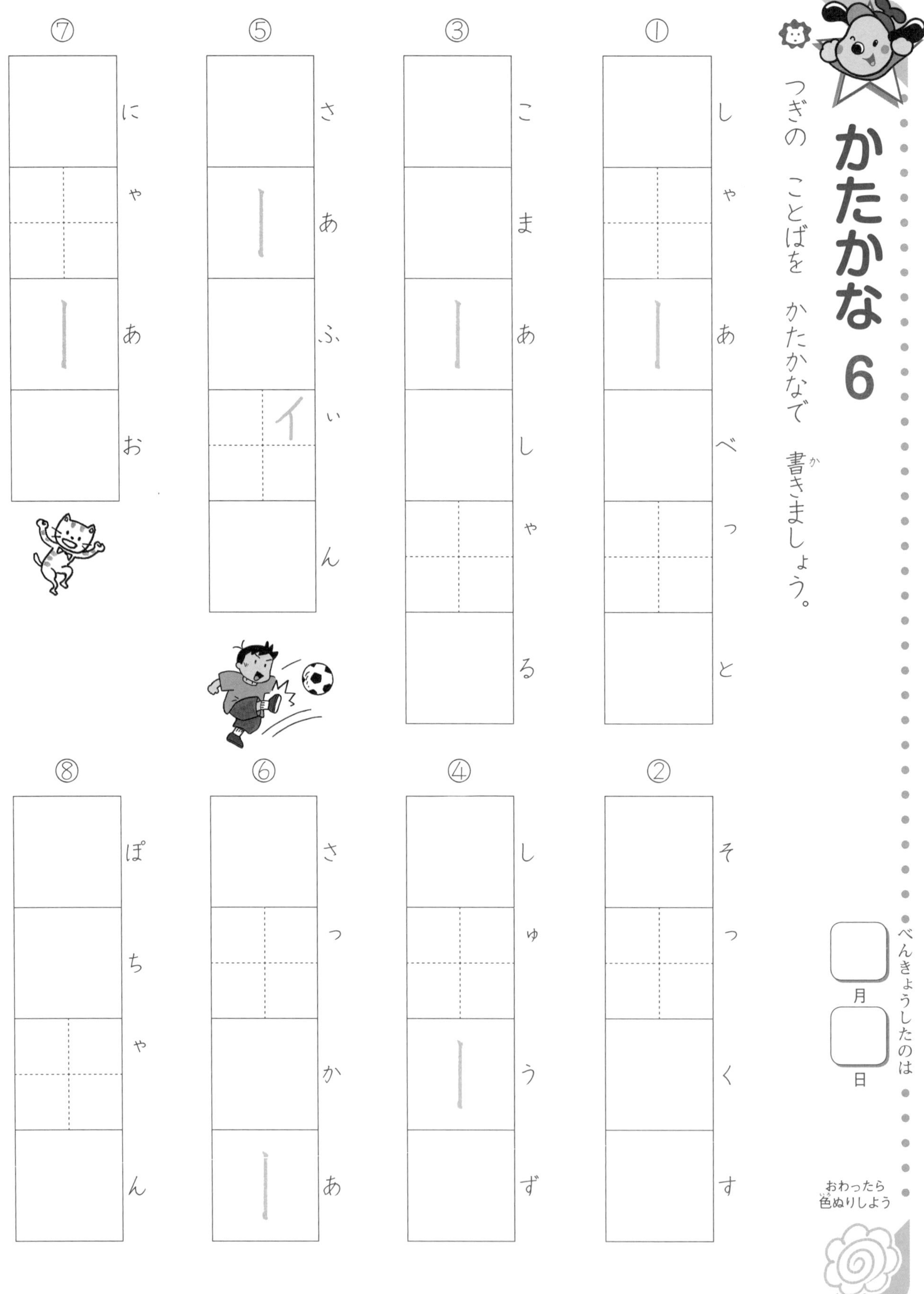

おうちの方へ

このページは、ねじれる音やつまる音のある言葉を集めてあります。お店の看板、新聞のチラシ、スーパーマーケットの中など、身の回りのものから、かたかなで書かれている言葉集めをしても楽しいですね。また、外国の作家の物語や絵本にも親しんでいくと、かたかながいっそう身につきます。

たし算(ざん)の ひっ算(さん) 2

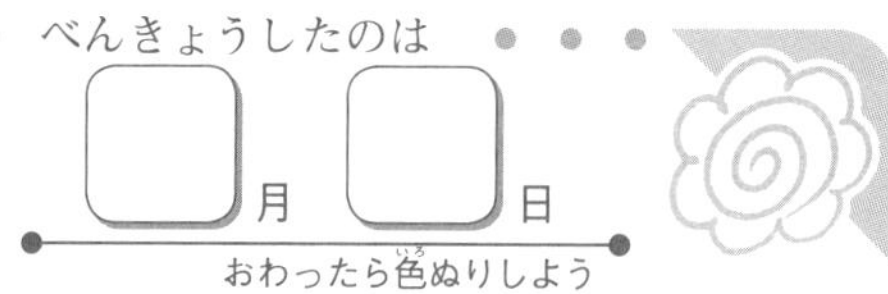

つぎの 計算(けいさん)を ひっ算(さん)で しましょう。

①
$$\begin{array}{r} 83 \\ +\,46 \\ \hline \end{array}$$

②
$$\begin{array}{r} 62 \\ +\,76 \\ \hline \end{array}$$

③
$$\begin{array}{r} 48 \\ +\,71 \\ \hline \end{array}$$

④
$$\begin{array}{r} 54 \\ +\,85 \\ \hline \end{array}$$

⑤
$$\begin{array}{r} 26 \\ +\,93 \\ \hline \end{array}$$

⑥
$$\begin{array}{r} 35 \\ +\,92 \\ \hline \end{array}$$

⑦
$$\begin{array}{r} 91 \\ +\,74 \\ \hline \end{array}$$

⑧
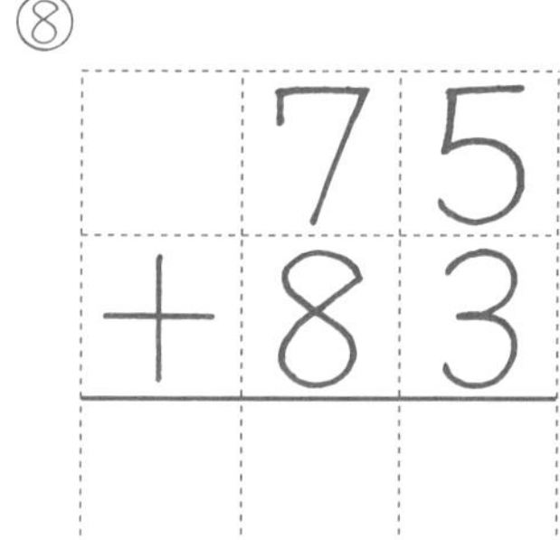
$$\begin{array}{r} 75 \\ +\,83 \\ \hline \end{array}$$

おうちの方へ

十の位がくり上がる問題です。わかりにくかったら、127ページの説明をもう一度読ませましょう。

【130ページの答(こた)え】①ミニトマト　②チョコレート　③ザブーン　④ドーム

かたかな ７

つぎの　文には、かたかなで　書く　ことばが　一つずつ　あります。（　）に　かたかなで　書きましょう。

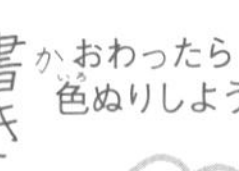

べんきょうしたのは　月　日

おわったら色ぬりしよう

① みにとまとが　どっさり　とれた。

（　　　）

② あつくて　ちょこれえとが　とけた。

（　　　）

③ かいがんに　なみが　ざぶうんと　うちよせた。

（　　　）

④ どおむが　しいんと　しずまりかえった。

（　　　）

● おうちの方へ ●

③のように、音を表す言葉（擬音語）はかたかなで書きますが、④の「しいん」のように、様子を表す言葉（擬態語）はふつうひらがなで書きます。

【129ページの答え】①129　②138　③119　④139　⑤119　⑥127　⑦165　⑧158

ナゾトキ☆クエスト

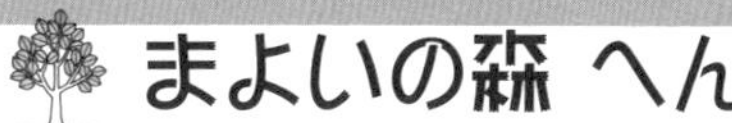

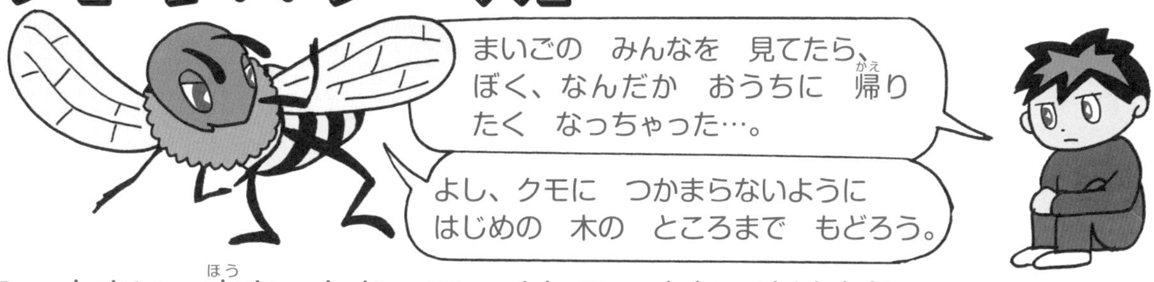

まいごの　みんなを　見てたら、ぼく、なんだか　おうちに　帰り　たく　なっちゃった…。

よし、クモに　つかまらないように　はじめの　木の　ところまで　もどろう。

スタート

623	199
456	200

九百九十九	六百五十四
1000	七百二十三

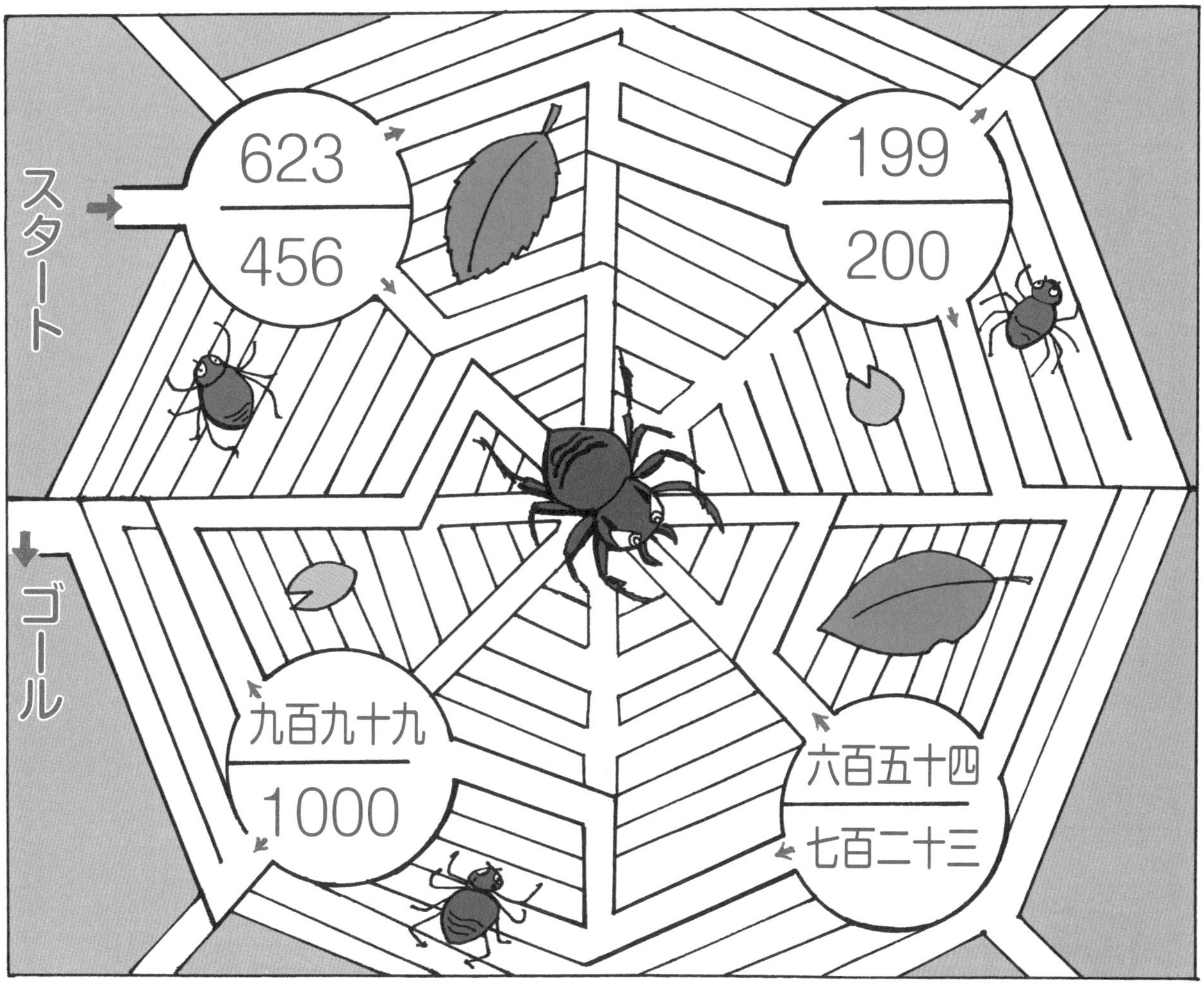

ゴール

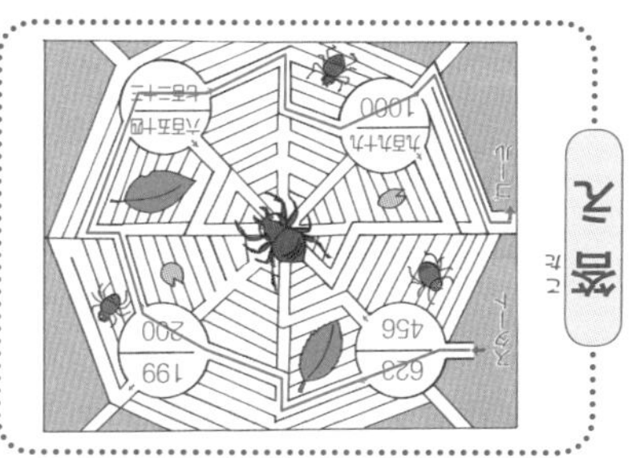

●つぎの　かん字の　なりたちから　何(なん)の　かん字が
できましたか。
線(せん)で　むすびましょう。

(なりたち)

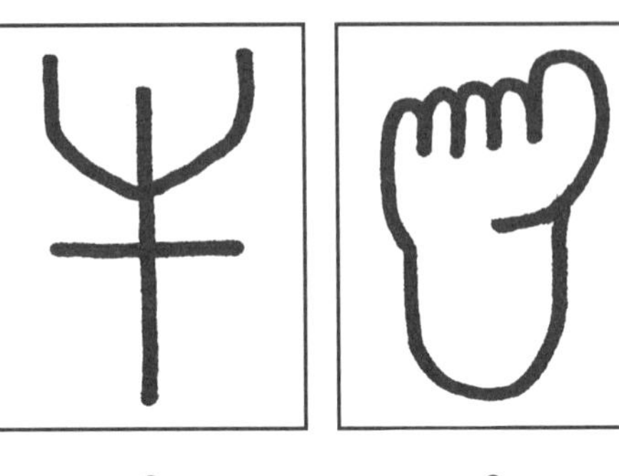

(かん字)

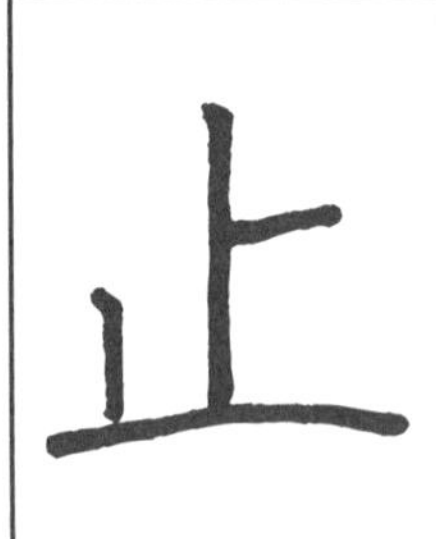

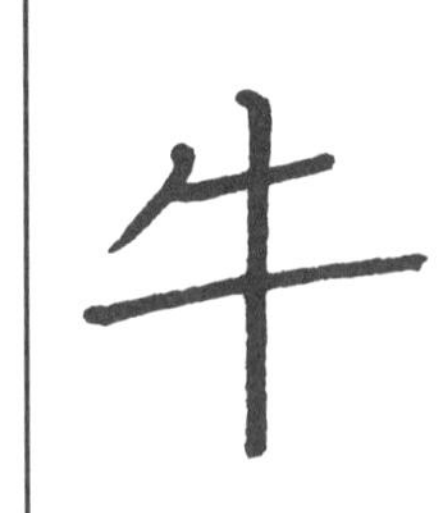

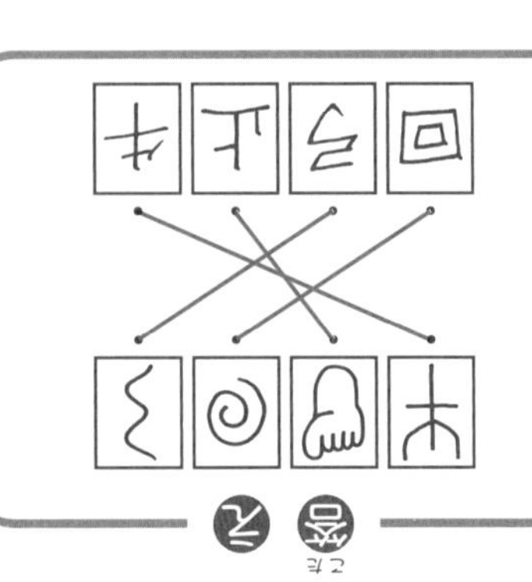

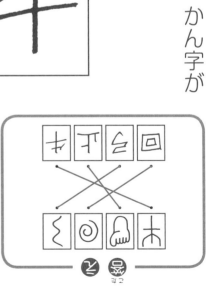

たし算の ひっ算 3

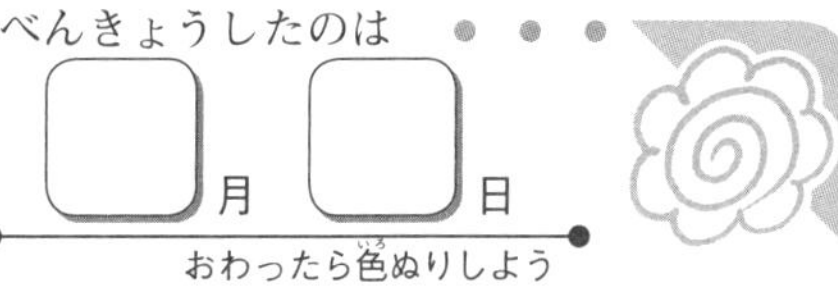

つぎの 計算を ひっ算で しましょう。

① 74＋64

② 42＋85

③ 67＋91

④ 73＋95

⑤ 97＋82

⑥ 66＋80

⑦ 27＋80

⑧ 58＋51

おうちの方へ

このページから、横式を筆算に書き直してから計算するようにしています。枠の中にていねいに数字を書かせましょう。

文を うつす 1

左の 文を 〈書き方の ちゅうい〉を 読んで、下に うつしましょう。

赤いろうそく

にいみ なんきち

山から里のほうへあそびに行ったさるが、一本のろうそくをひろいました。赤いろうそくは、たくさんあるものではありません。

〈書き方の ちゅうい〉

① だい名は、三ます あけてから 書きます。
② 名前は 二行目に 書きます。
③ 名字と 名前の 間は、一ます あけます。
④ 名前の 下は、一ます あけます。
⑤ 本文の 書き出しは、一ます あけます。

①〇〇〇赤いろうそく
③にいみ なんきち④
⑤山から里のほうへあ
そびに

べんきょうしたのは　月　日

おわったら色ぬりしよう

● おうちの方へ ●

文を正確に書き写すことは、何年生でもむずかしいもので、練習が必要です。特に教科書はさし絵などもあり、１行の文字数が同じでないことが多いです。〈書き方のちゅうい〉を左の図と照らし合わすとよくわかるでしょう。文を書き写すことで、文を読み取る力もついてきます。

【133ページの答え】①138 ②127 ③158 ④168 ⑤179 ⑥146 ⑦107 ⑧109

たし算の ひっ算 4

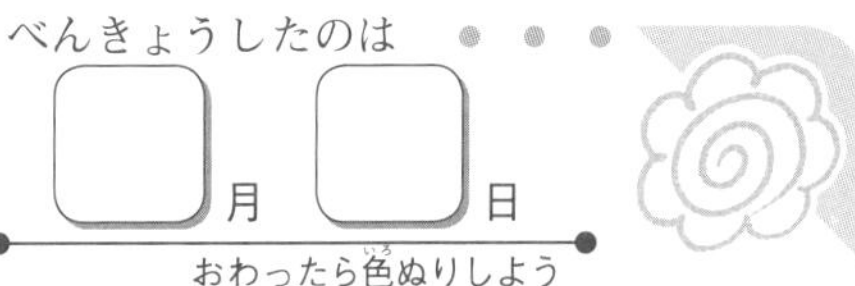

つぎの 計算を ひっ算で しましょう。

① 95＋49

一のくらいが
くり上がります。
くり上がりの 「1」を
わすれないように
しましょう。

② 68＋43

③ 79＋36

④ 45＋67

⑤ 98＋29

⑥ 87＋64

⑦ 88＋87

● おうちの方へ ●

一の位も十の位もくり上がります。くり上がりの補助数字（赤ちゃん数字ともいう）の１を忘れないようにつけさせましょう。

文を うつす ２

上の 文を 下に うつしましょう。

（134ページの「赤い ろうそく」の つづきです。）

それで、さるは赤いろうそくを花火だと思いこんでしまいました。

さるは、ひろった赤いろうそくをだいじに山へもって帰りました。

山は大へんなさわぎになりました。

（新美南吉作）

べんきょうしたのは　月　日

おわったら色ぬりしよう

おうちの方へ

三つ「。」を書いていますが、「。」の場所は合っていますか。書き終わったら声に出して読んで、正しく書き写しができているか確かめさせましょう。

【135ページの答え】①144　②111　③115　④112　⑤127　⑥151　⑦175

まとめの テスト 1

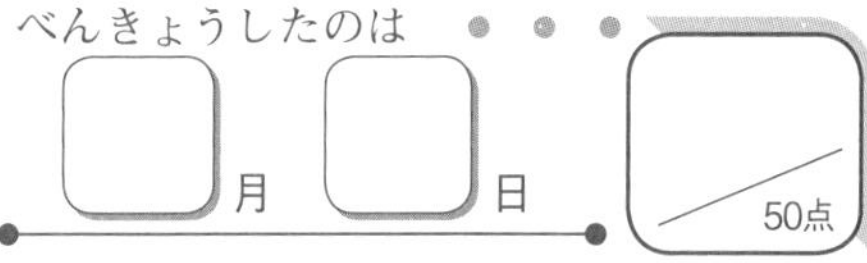

(1) つぎの 計算を ひっ算で しましょう。 (30点) 1つ5点

① $36+22$

② $45+49$

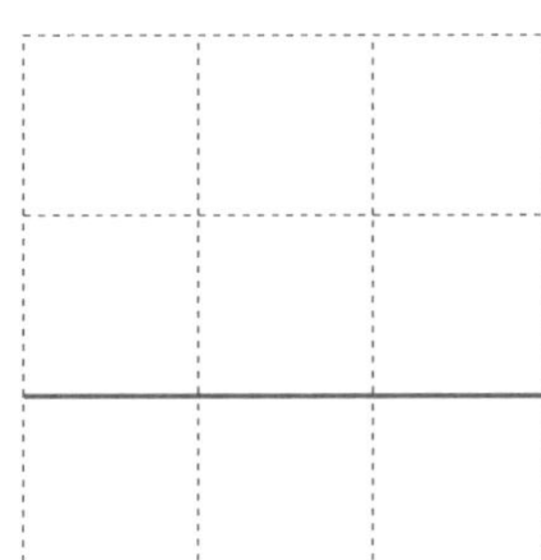

③ $35+35$

④ $98-43$

⑤ $82-56$

⑥ $70-48$

(2) つぎの 数字を 書きましょう。 (20点) 1つ4点

① 八百二十九 (　　　　

② 三百七 (　　　　

③ 四百五十 (　　　　)

④ 千 (　　　　

⑤ 九百九十九 (　　　　)

まとめの テスト１

べんきょうしたのは　□月　□日

□に かん字を 書(か)きましょう。〔 〕は かん字と おくりがなを 書(か)きましょう。

（50点）一つ2点。送りがながまちがっていたら0点

答(こた)えは144ページ

/50点

① □□（しない）の □□（ほくせい）（きたとにしのあいだ）に □（てら）が 多(おお)い。

② □□（ようじん）して □□（ゆみや）を あつかう。

③ □□（こんかい）の □□（がいしゅつ）は □□（ふぼ）と いっしょだ。

④ □□（しょうご）の □□（にっこう）は ま南(みなみ)から さす。

⑤ □□（たいせつ）な 〔かんがえ〕を 言(い)う。

⑥ □□（はんぶん）では 〔すくない〕。

まとめの テスト 2

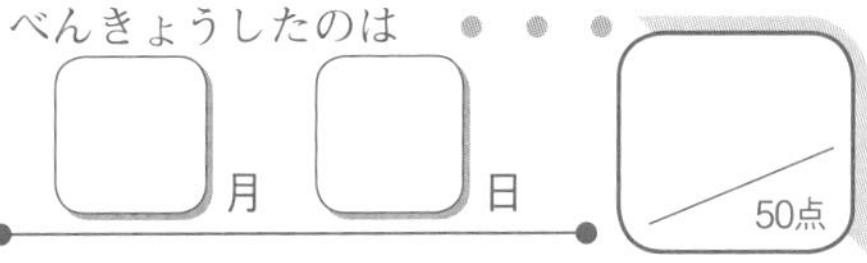

(1) 長さに ついて、数字を 書きましょう。 (10点) 1つ5点

① 1cm=(　　　)mm

② つぎの 長さを はかりましょう。

(　　　cm　　mm)

(2) つぎの 長さの せんを ひきましょう。 (15点) 1つ5点

① 5cm

② 8cm 3mm

③ 6cm 5mm

(3) かさの たんいを □に 書きましょう。 (25点) 1つ5点

① きゅう食の 牛にゅうは 200□です。

② 家ぞくで ドライブに 行くので 2□の お茶を 買いました。

③ 1Lは 10□です。

④ 1Lは 1000□です。

⑤ 1dLは 100□です。

まとめの テスト 2

べんきょうしたのは　月　日

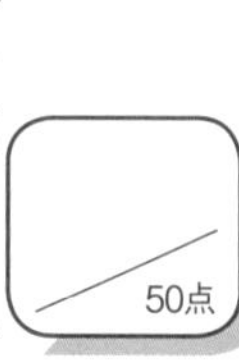

(1) つぎの　ことばを　かたかなで　書きましょう。　25点（一つ5点）

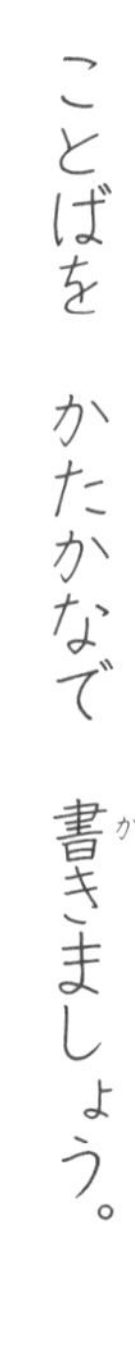

①　けえき

②　きゃっぷ

③　ぱりん　と　われる。

④　ぴっちゃあ

⑤　きゅうぴい

(2) つぎの　文に　点（、）を　一つ　うちましょう。　10点（一つ5点）

・父はとびおりてくびをけがした。（けがを　したのは「てくび」）

・ぼくはいしゃになりたい。（なりたいのは「はいしゃ」）

(3) 正しい　方に　○を　つけましょう。　15点（一つ5点）

①　（　）おおどうり　（　）おおどおり

②　（　）こんにちは　（　）こんにちわ

③　（　）かたづける　（　）かたずける

まとめの テスト 3

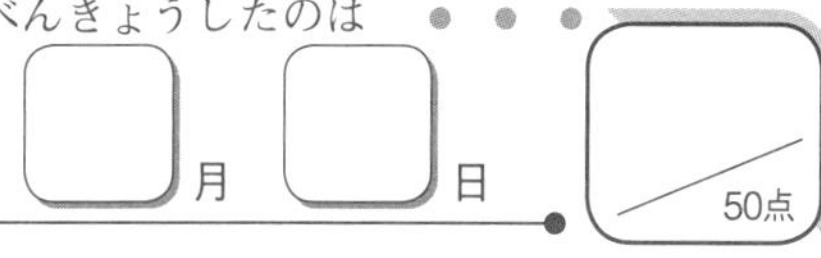

(1) ビー玉が ありました。弟(おとうと)に 28こ あげました。のこりを 数(かぞ)えたら、32こ ありました。はじめに 何(なん)こ あったでしょう。

(10点)

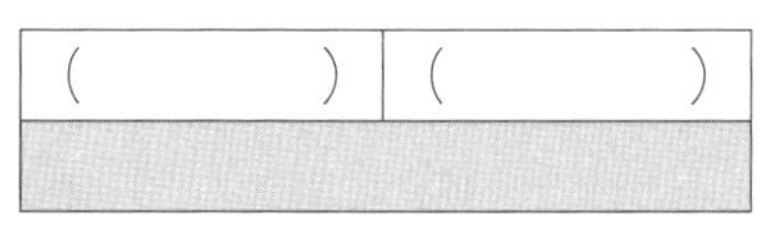

＊図(ず)は ヒントです。

しき

答(こた)え ＿＿＿＿＿＿＿＿

(2) ビー玉が 60こ ありました。弟(おとうと)に 何(なん)こか あげました。のこりを 数(かぞ)えたら、25こ ありました。弟(おとうと)に 何(なん)こ あげたでしょう。

(10点)

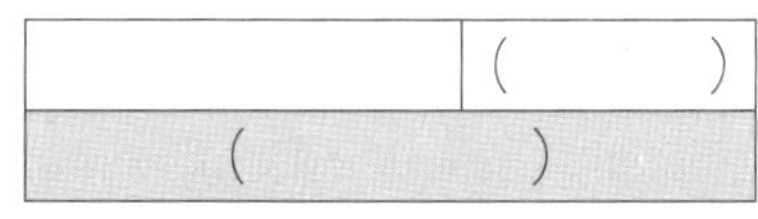

＊図(ず)は ヒントです。

しき

答(こた)え ＿＿＿＿＿＿＿＿

(3) つぎの 計算(けいさん)を しましょう。 (10点) 1つ5点

① 25＋13＋28＝□

② 58－39＋45＝□

(4) つぎの □に 数(かず)を 書(か)きましょう。 (10点) 1つ5点

① 1日＝□時間(じかん)　② 1時間(じかん)＝□分(ぷん)

(5) 何時間(なんじかん) たったでしょうか。 (10点)

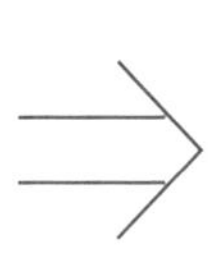

＿＿＿＿時間(じかん)

まとめの テスト 3

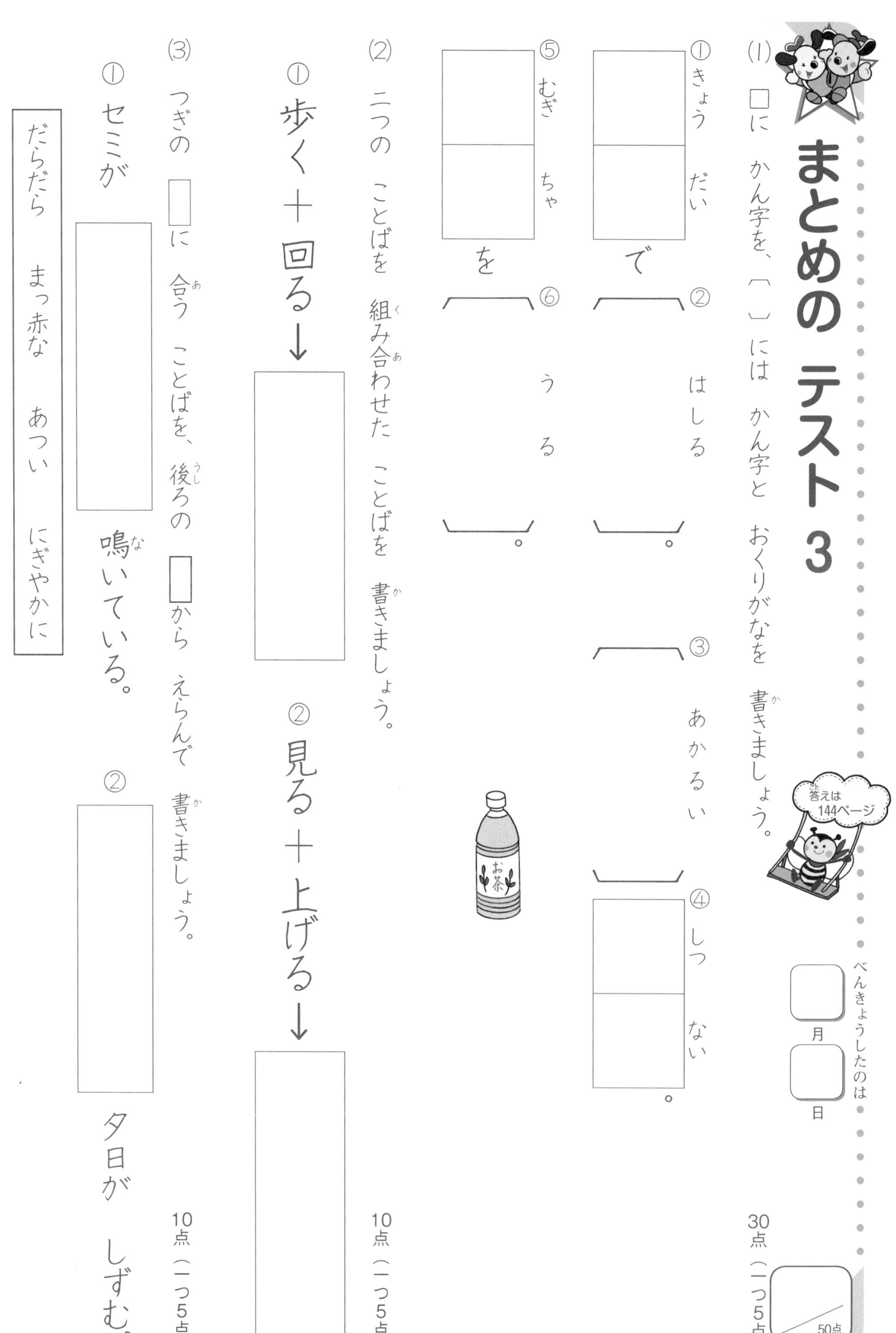

答えは 144ページ

べんきょうしたのは　月　日

/50点

(1) □に かん字を、〔　〕には かん字と おくりがなを 書きましょう。 30点（一つ5点）

① きょう　だい □□で ② はしる〔　　〕。

③ あかるい〔　　〕④ しつ　ない □□。

⑤ むぎ　ちゃ □□を ⑥ うる〔　　〕。

(2) 二つの ことばを 組み合わせた ことばを 書きましょう。 10点（一つ5点）

① 歩く＋回る↓ □

② 見る＋上げる↓ □

(3) つぎの □に 合う ことばを、後ろの □から えらんで 書きましょう。 10点（一つ5点）

① セミが □ 鳴いている。

② □ 夕日が しずむ。

だらだら　まっ赤な　あつい　にぎやかに

【まとめの　テスト　答え】

桝谷雄三（ますや・ゆうぞう　教育士・学力の基礎をきたえどの子も伸ばす研究会）
影浦邦子（かげうら・くにこ　学力の基礎をきたえどの子も伸ばす研究会）

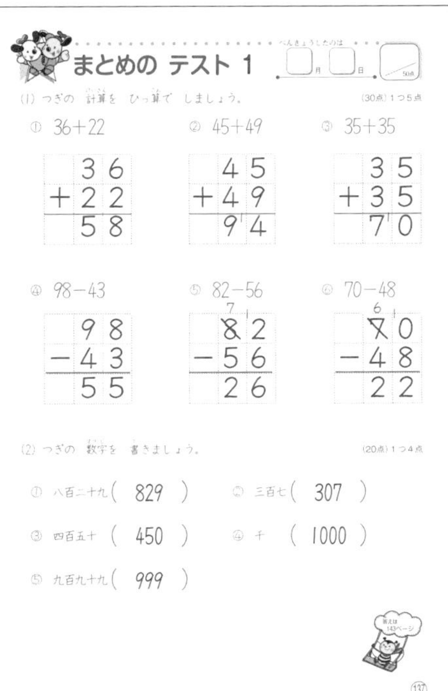

まとめの テスト 1　月　日　50点

(1) つぎの 計算を ひっ算で しましょう。（30点）1つ5点

① 36+22 ＝ 58　② 45+49 ＝ 94　③ 35+35 ＝ 70

④ 98−43 ＝ 55　⑤ 82−56 ＝ 26　⑥ 70−48 ＝ 22

(2) つぎの 数字を 書きましょう。（20点）1つ4点

① 八百二十九（829）　② 三百七（307）

③ 四百五十（450）　④ 千（1000）

⑤ 九百九十九（999）

137

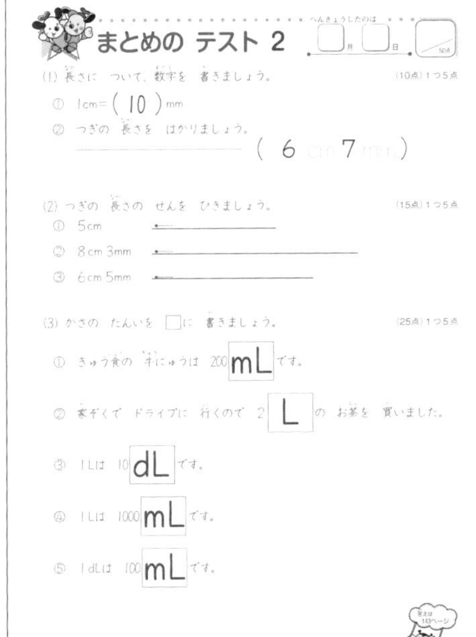

まとめの テスト 2　月　日　50点

(1) 長さに ついて、数字を 書きましょう。（10点）1つ5点

① 1cm＝（10）mm

② つぎの 長さを はかりましょう。（6 cm 7 mm）

(2) つぎの 長さの せんを ひきましょう。（15点）1つ5点

① 5cm　② 8cm 3mm　③ 6cm 5mm

(3) かさの たんいを □に 書きましょう。（25点）1つ5点

① きゅう食の 牛にゅうは 200 mL です。

② 家ぞくで ドライブに 行くので 2 L の お茶を 買いました。

③ 1Lは 10 dL です。

④ 1Lは 1000 mL です。

⑤ 1dLは 100 mL です。

139

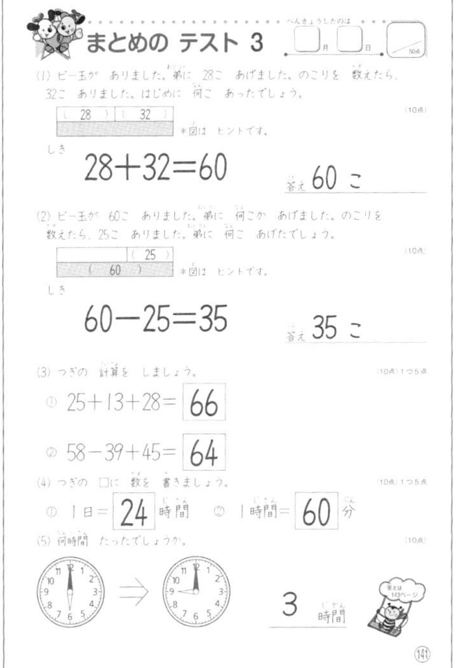

まとめの テスト 3　月　日　50点

(1) ビー玉が ありました。弟に 28こ あげました。のこりを 数えたら、32こ ありました。はじめに 何こ あったでしょう。（10点）

※図は ヒントです。

しき 28＋32＝60　答え 60こ

(2) ビー玉が 60こ ありました。弟に 何こか あげました。のこりを 数えたら、25こ ありました。弟に 何こ あげたでしょう。（10点）

※図は ヒントです。

しき 60−25＝35　答え 35こ

(3) つぎの 計算を しましょう。（10点）1つ5点

① 25＋13＋28＝66　② 58−39＋45＝64

(4) つぎの □に 数を 書きましょう。（10点）1つ5点

① 1日＝24時間　② 1時間＝60分

(5) 何時間 たったでしょう。（10点）

3時間

141

きりとり

【修了証申し込み】

勉強したくなるプリント　前き／算数

学しゅうの記ろく・2年生

まとめのテスト　1	点
まとめのテスト　2	点
まとめのテスト　3	点
合計	点

おうちのひとのコメント　　月　　日

お子さんのお名前（ふりがな　　　　　　）　保護者のお名前

住所　〒　　　TEL

メールアドレス

【まとめの　テスト　答え】

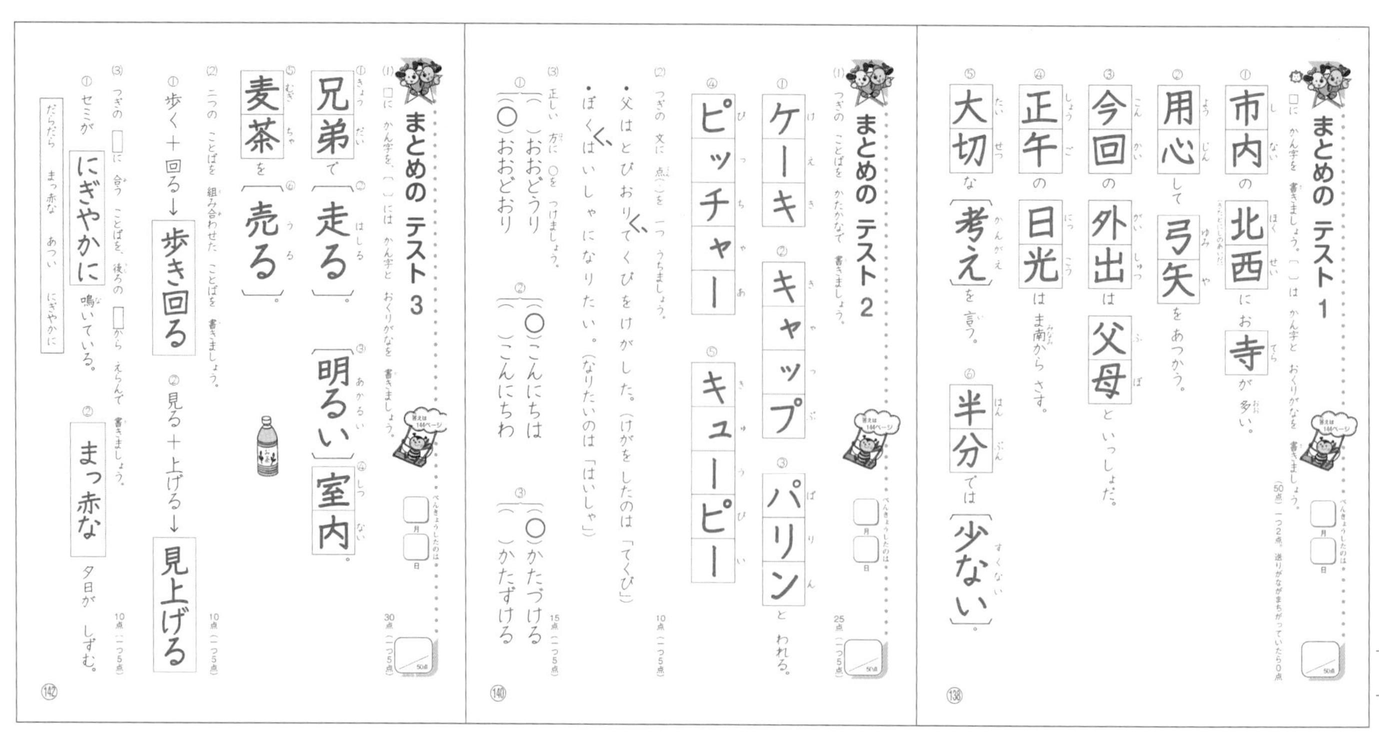

まとめの テスト 1

□に かん字を 書きましょう。〔 〕は かん字と おくりがなを 書きましょう。

（50点）一つ2点。送りがながまちがっていたら0点

① 市内の 北西に お寺が 多い。
② 用心して 弓矢を あつかう。
③ 今回の 外出は 父母と いっしょだ。
④ 正午の 日光は ま南から さす。
⑤ 大切な〔考え〕を 言う。
⑥ 半分では〔少ない〕。

138

まとめの テスト 2

(1) つぎの ことばを かたかなで 書きましょう。　25点（一つ5点）

① ケーキ　② キャップ　③ パリン と われる。　④ ピッチャー　⑤ キューピー

(2) つぎの 文に 点（、）を 一つ うちましょう。　10点（一つ5点）

・父はとびおり、てくびをけがした。（けがを したのは 「てくび」）
・ぼく、はいしゃになりたい。（なりたいのは 「はいしゃ」）

(3) 正しい 方に ○を つけましょう。　15点（一つ5点）

① （ ）おおどうり　（○）おおどおり
② （○）こんにちは　（ ）こんにちわ
③ （○）かたづける　（ ）かたずける

140

まとめの テスト 3

(1) □に かん字を、〔 〕には かん字と おくりがなを 書きましょう。　30点（一つ5点）

① 兄弟で ②〔走る〕。
③〔明るい〕④ 室内。
⑤ 麦茶を ⑥〔売る〕。

(2) 二つの ことばを 組み合わせた ことばを 書きましょう。　10点（一つ5点）

① 歩く＋回る→ 歩き回る
② 見る＋上げる→ 見上げる

(3) つぎの □に 合う ことばを、後ろの □から えらんで 書きましょう。　10点（一つ5点）

① セミが にぎやかに 鳴いている。
② まっ赤な 夕日が しずむ。

だらだら　まっ赤な　あつい　にぎやかに

142

きりとり

【修了証申し込み】

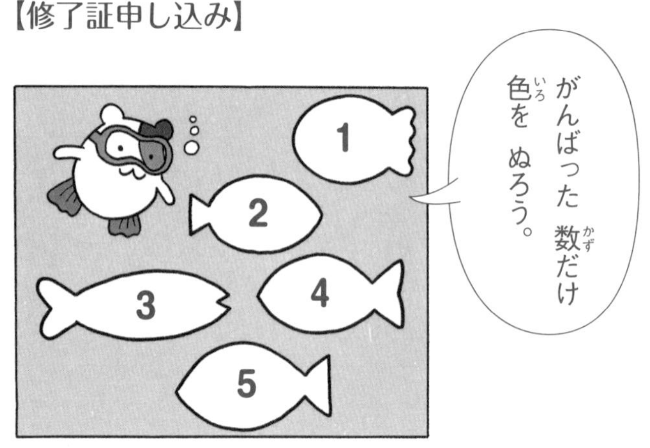

1
2
3
4
5
がんばった 数だけ 色を ぬろう。

勉強したくなるプリント　前き／国語

学しゅうの記ろく・2年生

まとめのテスト 1	点
まとめのテスト 2	点
まとめのテスト 3	点
合　計	点

おうちのひとのコメント　月　日

国語だけの申し込みも可能です。
裏面に住所・氏名を記入して送付してください。